Seven Principles of Spiritualism

スピリチュアリズム
「セブン・プリンシプルズ」

1901年英国にもたらされた七大綱領で
「見えない世界」を正しく見る

ミディアム　スピリチュアル・ヒーラー
佐野仁美

現代書林

はじめに

これからスピリチュアリズムのことを綴る私の経歴を簡単に自己紹介します。私は現在シンガポール在住の心理カウンセラーです。海外の大学院のカウンセリング学科を修了し、シンガポールで心理カウンセラーとして活動をしています。

その前の二十数年間は、日・米・欧の金融機関の法務コンプライアンス部門で働いていました。貨幣経済・物質主義の中枢たる金融機関の法人部門担当で、一件数十億ドルを超えるレベルの取引の契約書を作ったり、タックス・ヘイブン（租税回避地）を利用して複雑な仕組みを考えたり、法人顧客の支払金利を繰り延べる仕組みを作ったりと、「人」の顔が見えない仕事をしていました。

しかもそこで扱う金銭は、帳簿上の数字にすぎません。特に外人の同僚のセールスやトレーダーたちは、コミッション（手数料）としての自分の取り分（ボーナスに加算される）をいかに多く取るかしか興味を持っていませんし、仕事以外の話題も、自分事と株式や不動産投資の話ばかりでした。こんな環境で仕事を長年続けてきて、ふと思いました。

私のやっていることは、世の中や人のためになっているのだろうか？

皆が幸せになることだろうか？

法人顧客は喜ぶかもしれないが、それは本当に社会のため、人のためになっているのだろうか？

そんな自問自答を繰り返してきた中、２０１０年頃、スピリチュアリズムに出会い、２０１３年から英国アーサー・フィンドレイ・カレッジのジャパニーズ・ウィーク（日本語通訳付きコース）でミディアムシップを続けて学ぶ機会を得ました。２０１４年のジャパニーズ・ウィークで、世界的に活躍する先生方３人からの個人セッションで、それぞれ「カウンセラー」というキーワードを私のスピリット・ガイドからもらいました。一人の先生は、「カウンセリングの正式なコースを取れば時間もお金もかかるけれど、その後、多くの人があなたの話を聞いてくれるようになる」そう伝えてくれました。３人の先生から同じ週に同じキーワードをもらったら、真剣に考えますよね。

シンガポールに戻り、カウンセラーになれるコースを探しました。そして、「お金」という帳簿上の数字を追う仕事よりも、目に見えない「心」を扱う心理カウンセラーを目指そうと決意し、会社には内緒で仕事をしながら学べる大学院に入り直しました。平日夜と週末は参考文献や学術論文を読み漁り、課題を書き、もうボロボロな2年半でした。そして数百時間のカウンセリングのインターンシップをこなすために退職した際には、多くの人が驚いたものです。それは、ある日突然に「やーめた！」と言って辞めたのではなく、時間をかけ念入りに準備をしてきた結果でした。

そしていまは「人」という目の前のクライアントと、肉眼では見えないその方の「心」に向き合っています。収入面では雲泥の差がありますが、私の気持ちと魂は、いまとても満足しています。

さらに私には、もう一つの顔があります。スピリチュアリストです。そして、ミディアム（霊媒）であり、スピリチュアル・ヒーラーです。エヴァンジェリスト（啓蒙家）でもあります。

英国スピリチュアリスト・ナショナル・ユニオン（SNU）の認定スピリチュアル・ヒーラーになるのに約2年、その上の資格を取るのにさらに4年かかりました。ミディアムとしてもっと高みを目指すべく、別の講座に挑戦中です。

そんなスピリチュアリストとして、「人」と、その目に見えない「魂」に向き合っています。クライアントの心・魂の癒しを提供できる仕事をとても誇りに思っています。

私は、霊能者にありがちな、全身黒ずくめや白ずくめの格好をしているわけではなく、クリスタルのブレスレットやペンダントをつけているわけでもありません。喫茶店やレストランで、いきなり宙を見つめ、「あなたの後ろに龍神が見える」とか、「いま、誰それの霊が来ている」とか言うわけでもなく、本当に、一見して普通のアラ環のお姉さん（？）です。

そんな私が、なぜこの本を書こうと思ったかと言いますと、まず挙げられるのは、世の中の「スピリチュアル」なものに対する誤った印象を正すためです。「スピリチュアル」と「スピリチュアリズム」は、全くもって似て非なるものですから……。

それに、ミディアム（霊媒）としての私が行うのは「エビデンシャル（証拠提供型）ミディアムシップ」というもので、コンタクト（霊界通信）をしてくれるスピリット（故人の霊）が誰かを特定できる情報をまず取ってから進めます。

そしてスピリチュアル・ヒーラーとしての私は、霊界のドクターたち（生前は医療従事者）とつながり、そのエネルギーをただただ無私でクライアントに流すだけです。

スピリチュアル・カウンセラーやミディアムと名乗る人の多くは、誰の霊につながっているかを明確にしなかったり、「イエスからのメッセージ」とか、「大天使からのメッセージ」などと言いながら、大層なメッセージを伝えて、高額なセッション料を取ったり、高額な講座を開催したりしています。

また、真摯に勉強されているミディアムでも、目先の「証拠」を取ることに懸命になり、なぜ私たちが霊界とコミュニケーションできるかという事実の「本当の目的」や使命すら知りません。まるで、「木を見て森を見ず」の状態です。そんな現状を、私は非常に憂慮しています。

なぜ、ミディアムシップというものがあるのか？

なぜ、スピリチュアル・ヒーリングというものがあるのか？

実は、それには理由があります。その奥には、深い深い、魂のフィロソフィー（哲学）が存在するのです。それも、この宇宙全体のあり方を問うような、壮大なフィロソフィーです。宇宙の真理、宇宙の法則です。

このフィロソフィーを簡単かつ的確に言い表した「七大綱領（セブン・プリンシプルズ）」というものがあります。これは、ミディアムのパイオニアである英国人エマ・ハーディング・ブリテンにより霊界からもたらされ、1901年、英国スピリチュアリスト・ナショナル・ユニオン（SNU）の法人設立時にその定款に明記されました。

一．神は父である
二．人類は同胞である
三．霊界と地上界の間に霊的な交わりがあり、人類は天使の支配を受ける
四．魂は永遠に存続する
五．自分の行動には責任が生じる（自己責任）
六．地上で行ったことには、善悪それぞれに報いがある
七．いかなる魂も永遠に向上する機会が与えられている

一見したところ、当たり前のような気もするでしょうし、なぜこれが魂の成長に必要なのか、ピンとこないかも知れませんね。でも、この一つひとつが、深い意味を持つのです。その考えに基づく思想および実践を「スピリチュアリズム」と呼びます。本書では、それをなるべく多くの日本の方にお伝えすべく、筆を執りました。

ちなみにご紹介しますと、私の所属する英国SNUの傘下であるアーサー・フィンドレイ・カレッジ（AFC）でこのフィロソフィーに基づくミディアムシップやスピリチュアル・ヒーリングのトレーニングコースが毎週開催され、世界各国からミディアム、ヒーラーやそれに興味のある方々が集まっています。

ロンドンから北に車で1時間半の田舎にある、まるでハリー・ポッターのホグワーツ城のようなお屋敷で行われるコースは、霊界からの愛とサポートで満ち溢れている、とても幸せで安心な時間と空間です。ご興味がある方は日本語通訳付きコースもありますので、一回行ってみるとよいかもしれませんね。

その深遠なるフィロソフィーを知らずに、目に見えないスピリチュアルな現象のみを語ってしまうと、フワフワとした虚空をつかむような、曖昧なものになってしまいます。この唯物論の社会の中で、そのような曖昧なものを嫌悪する人が多いのもこれまた実情です。

でも、実は、スピリチュアリズムはとても身近で当たり前のことなのです。19世紀半ばで起きた「フォックス家事件」（後述）をきっかけに、その後、英国を中心にその霊的物理現象が検証されてきました。そして戦前は日本でも、霊魂という存在の厳密な科学的検証が行われていたことは、ほとんど知られていません。私はこのスピリチュアリズムの全体像を、できるだけわかりやすくお伝えし、怪しいものであるという世間の誤解を解きたいのです。身近で当たり前のものであることをお知らせしたいのです。そのような気持ちからこの本を刊行する決意をしました。

視点を変えてみましょう。

四方を海で囲われ、地震や津波、台風などの天災も多い日本なのに、縄文・弥生の時代より、その天災を乗り越えるために、皆で協力してきたという歴史的背景に基づいた、私たちの精神性を考える時、海外で暮らしている私は、日本人として生まれたことをとても誇りに思います。

その私たちは、いま日本に生きています（あ、私、いま海外でした）。

日本も、いまは政治、経済、社会全般に、様々な問題を抱えています。私たち個人個人も、大なり小なり、問題を抱えていることでしょう。家庭の問題だったり、学校や職場、友人との人間関係だったり。また家計の問題だったり、介護の問題だったり、健康の問題だったり……。

そして、いま私たちは、地球に生きています。

地球という限られた土地と資源の中で、戦争が起きたり、貧困に苦しんでいる人がいるかと思えば、経済大国たちが一触即発状態だったり、密かに裏で綱引きをしていたりします。

そしてさらに、私たちは、宇宙で生きています。いいえ、宇宙の中に生かされています。宇宙というものが存在しなければ、地球も日本も私たちも存在しません。

それは、何を意味するのでしょうか？

私たちはどこから来て、なぜいまここにいて、そして死後はどこへ行くのでしょうか？

そんな私たちの魂の叙事詩を書こう。そして、私たちが心から、いまの限りある人生を悔いなく過ごせるフィロソフィーをお伝えしよう。それが私のお役目であると感じました。

私は帰国子女ではありませんが、仕事上、契約書など英語に触れる機会が多くありました。ご縁があり、外資系企業に転職し、そしてその延長で２００８年にシンガポールに転職しました。さらに英語で大学院を卒業し、論文の書き方を学んだことは、英国ＳＮＵのスピリチュアル・ヒーリングの資格を取ることに活かされました。スピリチュアリズムに関する本は20世紀初頭より多く刊行されており、ありがたいことに、その名著の多くが日本語訳され、私も勉強しています。が、残念なことに、「スピリチュアリズム」としてまとまった本が日本語に訳されているものが少ないという事実もあります。それを、このキャリアを活かし、私たちの言語の日本語で綴ろう！　そう誓ったのです。

前述の通り、世には「スピリチュアル」や「魂」や「霊魂」など、科学的に証明されないもの（と思われているもの）、実際に私たちの五感で確認できないものに、拒否反応を示す方が多いのは事実です。ここでは、その私たちの魂の叙事詩を、できるだけ科学的で客観的な視点を加えながら、紡いでいきたいと思います。

おそらくいろんなタイプの方がこの本を手に取り検討してくださるでしょう。

人生に迷いを感じていらっしゃる方、方向性に悩んでいらっしゃる方には、魂の生き方という別視点からのヒントを得られることでしょう。スピリチュアルになんとなく興味がある方、そしてスピリチュアルに関するいろんな本を読んでいる方には、疑問に思っていたことの「答え」が導かれるかもしれませんし、学んできたことの「点」と「点」がつながるのを感じることでしょう。また、ミディアムやヒーラーなど霊能力を使うお仕事をされている方やそれを目指している方にとっては、必須の知識です。いままで学んできたことを見直す良い機会となるでしょう。まっさらな気持ちで読んでいただけると嬉しいです。

この壮大な世界を知って、皆さんはどう感じるか、そして、これから先、どう日々を生きていくのか？　本書から何かを感じてくださったら、筆者としてこれ以上に嬉しいことはありません。また、スピリチュアリズムも英国ＳＮＵのコースで学んだことから、英語表記が多くなっているかもしれません。実際のところ、ＡＦＣのジャパニーズ・ウィークや他の単発のワークショップやセッションで、２０１７年から先生の通訳をしながら、また、自らも継続的に英語のプロ向けコースに参加し、英国の優秀なるミディアムの先生たちとも親しくお付き合いさせていただいています。その点では英国の最新のスピリチュアリズム事情を皆さんにお届けできるかと思います。

さて、物語は「宇宙の誕生」から始まります。宇宙の存在なくして、私たち地球も私たち自身も存在しませんね。それはまずは七大綱領の第一綱領「神は父である」と第二綱領「人類は同胞である」に関わってきます。

宇宙のあり方について、中学校レベルで学んだ科学知識が出てきますが、どうぞびっくりしないでくださいね。苦手な方もいらっしゃるでしょうし、決して理解できなければ先に進めないということはありません。どうぞ軽く読み流してみてください。

「木を見て森を見ず」ではなく、まずは大きな「森」というスピリチュアリズムの全体像を楽しく見てみましょう。

佐野仁美　識

2023年4月

Contents

第6章 霊的存在の種類

第7章 魂の旅路

第11章 スピリチュアルな能力と呼ばれるもの

第12章

健康に生きるために

第1章

宇宙は何のために創られたか

私が最初に宇宙の存在に気づいたのは、幼稚園の頃か、その前か、テレビでアポロ13号の宇宙飛行士が月面歩行するのを見た時だったかと思います。そして、幼稚園の先生の「将来何になりたい?」という問いに対して、「宇宙飛行士」と答えました。他の園児の多くが、「幼稚園の先生になりたい」と答えたのを聞いて、自分があまりにも突飛な発言をしているのに気づき、すぐ後に「幼稚園の先生になりたい」と訂正し、そこで人生初の妥協もしましたが、それだけ理由もなく宇宙は私にとって魅力的でした。

小学校3、4年生の頃でしたか、理科の授業の中で星に触れる機会があり、学校の遠足で数駅先のプラネタリウムに行って、その中で初めて「天の河」を観て、惑星を知り、その魅力に取りつかれました。その頃、「宇宙戦艦ヤマト」や「銀河鉄道999」、その後の「ガンダム」等々のアニメや、「スターウォーズ」「スタートレック」など、宇宙を舞台にした映画が流行ってきました。そんな時代、歳がバレますね。そういえば、ウルトラマンもM78星雲からやって来たのでした。

大学受験の時、私は国公立志望だったのですが、その理科の選択では迷いなく「地学」を選び、地球・宇宙の概略を勉強しました。果てしない空の向こう……いまでも憧れです。

この章では、そんな宇宙の始まりを、科学、人文学、霊的観点から覗いてみます。

(1) 宇宙の始まりと地球の誕生

いきなり質問です。いったい誰が、何の目的を持ってこの宇宙を創ったのでしょうか？天文学者や物理学者は皆、宇宙の起源、太陽系の起源を解明しようと研究を続け、そしてハビタブルゾーン（生命が居住可能な惑星）を探すため、日夜、人工衛星からのデータや世界各地の天体望遠鏡のデータを集め、解析しています。

現代の科学では、約138億年前に、「何か」が起き、それと同時に空間・物質・エネルギーが生成され出した、と言われています。これがビッグバン宇宙理論です。中学・高校の理科の授業かどこかで聞いたことがあるかもしれませんね。

ビッグバンは、「何か」の力によって私たちの想像を絶する大爆発が起き、ものすごい勢いで宇宙が生まれ、と同時に最初に水素原子（H）が組成され、一瞬のうちに高温の中で衝突し核融合して、それより重いヘリウム（電子2個）、リチウム（電子3個）と、だんだん重い原子が組成されました。そこからガス状で高温のプラズマができ、それが長い間に冷却され、銀河系ができ、太陽系ができ、太陽ができ、地球ができたのは約46億年前。そして生命の誕生は約38億年前と言われています。

これがいま私たちのいる宇宙の起源と地球の成り立ちと言われていますが、もちろん単なる仮説にすぎません。さすがに約１３８億年前の大爆発を体感している人はいませんものね。あくまでも三次元の世界に住む私たちの科学を基準にした話です。

別章で説明しますが、私たち人間の身体は、三次元の時空しか認識できません。私たちの三次元の脳と知識と、そこから作り上げた三次元の観測機器とで計算した、宇宙の理論です。

実は計算上は、四次元、五次元、先は十一次元まであるとも言われ、私たちの認識をはるかに超えていますが、いかんせん三次元の肉体を以てしてもそれを実感し証明することは現在では不可能です。実は私たちは、宇宙の４％しか解明できていないとも言われています。４％も解明しているのが逆に驚きだという人もいますが……。

天文学的に「ビッグバン」が宇宙の始まりだと仮定してみたとして、では誰が、その最初のひと押しの「ビッグバン」のエネルギーを注入したのでしょう?

皆さんも考えてみましょう。これは偶然でしょうか、それとも必然でしょうか? 何かしらの「動き・圧力」、最初のひと押しがない限り、物理的に、無の状態からは何らの動きも発生しません。

科学は日々進歩しています。私たちの科学の範囲で、一つひとつ解明されようとしています。でもすべてがなんとも天文学的数字すぎて、実感がわきませんね。宇宙物理学者たちは、いまも、宇宙の始まり、宇宙の終わり、加えて言うなれば、「ハビタブルゾーン」、つまり「地球の人間」が住める惑星を探し、日夜観測研究を続けています。ビックバンでものすごく大きな宇宙ができ、水素原子等々が誕生し、それが何億年も経ったいまでも同じ原子がいまだに存在する……、ここ、重要ポイントですよ。後のお話につながっていきます。

Tea Break

ビッグバン以降、宇宙は膨張し、その後長い時間をかけて収縮し消滅するとも言われていましたが、現在（2023年）は、宇宙はひたすら加速膨張していると言われています。その原因は、宇宙空間に満ちている正体不明の「ダークエネルギー」ではないかと……。

これも、計算上の仮説であり証明はされていません。宇宙は私たち地球人からしたら果てしなく広く、その中には私たちの太陽系のある天の河銀河、お隣のアンドロメダ星雲等の銀河系、ガスの塊である星雲、恒星、惑星、ガス、塵、そして、ブラックホールやらクエーサーやらのたくさんの物質が存在しています。天の河銀河の中心が光っているのは、その中心に太陽の400万倍もある巨大ブラックホールが存在し、太陽のような恒星が3000年に1個、いままでで400万個ほどの恒星を飲み込む際の最後の光、とも言われています。この計算だと1000億個あると言われる銀河系の恒星も、約300兆年後にはすっかりブラックホールに飲み込まれる、とも……。

実はこの光をも飲み込むブラックホールについては、やがて宇宙全体が飲み込まれるのではないかと言われていましたが、近年の量子力学を適用すると、ブラックホール自身、微弱な光を出しながら徐々に消滅する可能性があるとか。この微力な放射は、2018年に亡くなった元ケンブリッジ大学教授ホーキング博士によって発見され、「ホーキング放射」と名付けられました。膨張するやら、収縮するやら、ブラックホールに飲み込まれるやら、果たして私たちの宇宙はどうなることでしょう。もう、宇宙の話は壮大すぎて手に負えませんね。

(2) 太陽系と地球、そして人類の始まり

宇宙が発生してからだいぶ経って、銀河系の片隅に太陽系が形成されました。そして、地球が生まれたのは約46億年前です。最初は熱の塊のようだった地上の状態が落ち着いたのは、約38億年前、その後地上が冷却化され、そして最初の微生物が生まれました。

その微生物は、水（H2O）の中から時間をかけて進化し光合成をするようになりました。すると、地上に酸素（O）と二酸化炭素（CO2）が発生し、窒素（N）を含んだ大気ができました。中学・高校の生物の軽いおさらいになっていましたが、最初に発生した単細胞生物が、次第に多細胞生物に発達し、藻の類から植物へ進化し、そしておよそ5億年前、最初の脊椎動物が生まれました。水棲動物から陸上動物に派生し、魚、鳥、そしてマンモスの恐竜時代へ突入、氷河期を経て、猿から類人猿、原人、ホモ・サピエンスへと進化したと言われています。

あらかじめ前置きしておきます。これは、あくまでも仮説であり、実証はされていませんし、私

は専門家でもありませんので、その辺りはゆるくみてくださると嬉しいです。

ヒトの進化にはミッシング・リンクが存在していると言われています。つまり、現代人は遺伝子的に、ホモ・サピエンスとはつながっていないのではないかという疑問です。現在、こういった「人類」進化論は誤りではないかとも言われています。では、現代人はどこから来たのでしょう？

さらに、ここで突飛な話をします。私たちの祖先は、宇宙からの移植ではないかとも言われています。

アトランティス文明、レムリア文明と言われている古代の高度な文明はご存知ですか？　地球上の古代文明が芽生えるはるか昔、いまから約1万年以上も前に、高度な科学技術と文化を持った文明が栄えていたと言われています。

それが、とある理由で神の怒りに触れ、アトランティス大陸、ムー大陸は津波で水没しました。高度な建築物の遺跡が太平洋・大西洋・地中海から見つかっていますが、それがこの古代文明のものかどうかはいまだに解明されていません。

もしそうであれば、私たちの祖先は宇宙人なのかしら？　証明しようがありませんね。ただ、もし本当だとしても、その都市はほぼ海の底に沈んでしまいました。古代の海底遺跡が残っていますが、真実はわかりません。その人類の一部が日本にも流れ着いたとも言われていますが、本当だか実証する術はありません。そして太陽系がどのように誕生したのか、科学者たちはいまも探究を続けています。

では、なぜ、人類というものが地上に登場したのでしょう。

人類の始祖が、地球上に発生したものが進化した形態なのか、宇宙から飛来したのかもわかりませんが、誰かが何らかの意図をもって地上に我々を配置したのなら、夢は膨らみますね。

Tea Break

太陽系の火星と木星の間に小惑星帯があります。そこを探れば、太陽系が誕生した頃の何かが解明されるのではないかと、そのうちの一つ、「惑星イトカワ」に向け、2003年、はやぶさ1号が発射されました。2005年に2回着地、そして数々の困難を乗り越え、1500粒以上の塵粒子を持ち帰り、世界中の研究機関で分析が行われました。この話は、宇宙のロマンや科学者たちの苦悩を描いた実写映画やドラマにもなりました。2018年、日本の研究チームがその解析結果を発表し、惑星イトカワは46億年前に作られ、15億年前に衝突か何かの事故で熱せられたことが判明しました。46億年前というと、太陽系が形成されたのとほぼ同時期です。そして15億年前に太陽系に何かがあったという歴史を垣間見せてくれたこの研究結果でした。2019年時点で、はやぶさ2号が別の小惑星「リュウグウ」に到達しています。私たちのこの太陽系の謎をまた一つ解いてくれることでしょう。それにしても、科学者たちの「解明したい」という強い熱意には脱帽します。

Tea Break

ニュートリノは電荷を持たない質量の小さい素粒子です。太陽の中心で原子核反応が起こって発生した熱とともに、ニュートリノという素粒子も太陽に発生し、光速で地球に到達し、私たちの体の中も透過して去っていくような謎の存在です。科学者たちはその素粒子の存在を解明すべく、大マゼラン星雲で生じた「超新星１９８７Ａ」を発見・観測し、２００２年、小柴昌俊博士とカミオカンデチームは超新星爆発の理論でノーベル物理学賞を受賞しました。また、２０１７年、南極に設置された巨大な観測施設アイスキューブで、一粒の高エネルギーのニュートリノが検出され、それが巨大ブラックホールから発せられたことがわかっています。

やっと見つかった質量の小さな素粒子。これはいったい何なのでしょうか。そしてこれ以外に見つかっていない素粒子は存在するのでしょうか。これまた、後のお話につながります。

(3) 大宇宙と小宇宙

宇宙空間では、月が地球の周りを規則的に回っています。そして、地球と他の太陽系惑星は、太陽の周りを規則的に回っています。太陽系はまた、天の河銀河の外縁を回っていますが、その規模がいわゆる天文学的に大きいので、これに関する規則性はわかっていません。誰が、何が、重力を作り基本的に規則性を作って大きな星を動かしているのでしょう。

視点を変えてみます。私たちの認識できる原子を見てみましょう。

ビッグバンで水素原子が原子の中で最初に作られたと言われています。水素原子は、原子核の周りをマイナスの電荷を持つ1個の電子が高速で回転しています。また、2個の電子からなるヘリウムも、直後に組成されました。炭素、窒素、酸素、ナトリウム、マグネシウム、カルシウム等々、そして元素周期表26番目の鉄（Fe）も、その後の宇宙の恒星の大爆発のエネルギーの核融合で組成されました。だんだんと質量の重い元素が誕生し、発見され、または科学者の手により組成され、2019年現在、元素の数は118種類あります。

どれも、原子核の周りを一定数の電子が回っています。実は原子よりももっと細かい素粒子もありますが、ここでは触れないでおきましょう。

地上にある鉱物も、細かく分解すると元素でできています。ダイヤモンドが炭素でできているのは有名ですね。ですから熱を加えれば、真っ黒い炭になってしまいます。木や花々の植物も、主として炭素を含むもので構成されます。植物は水と二酸化炭素を取り込み、酸素を排出し、私たちはそれを呼吸しながら生きています。これまた、中学・高校の、化学・生物の復習になってしまいました。

では、私たち人間はどうでしょう。

私たちの身体は、約60％が水分（H２O）でできています。幼児はもっと水分量があり、歳をとると悲しいことに干からびてきますが……。

皮膚、骨、筋肉、心筋、神経等の組織、血液・リンパ液、各内臓器官は、それぞれの役割に適した構造を持つ細胞の集合体です。その細胞を細かく見ると、核、ミトコンドリア等が脂質とタンパク質からなる細胞膜で覆われています。また、核の中にはDNAがあり、細胞分裂の際に遺伝情報を伝達します。これらの絶え間ない働きにより、私たちは呼吸し、消化吸収し、代謝し、生きています。そしてその体組織・細胞をもっと細かく見てみると、構成する元素の95％が、酸素、炭素、水素、窒素となっています。

なんと、宇宙の創世時に誕生した元素で私たちも作られているのです。それをもっと細かく分解すると、宇宙に存在する元素同様、規定数の電子が原子核の周りを絶え間なく回って振動を起こしています。人間の肉体だけでなく、その他の生物や植物、そして鉱物も同様です。

さて、宇宙も地球も物質も空気も肉体も、細かくしていくと電子が回り振動していることにたどり着きました。

ではもう一度お尋ねします。一体「誰が・何が」、何の目的で、これらを創ったのでしょうか。

（4） 古代文明の宇宙の創造神話

ここまで、科学的に宇宙と地球の創造、人類の登場を見てきました。

400万年前に遡り登場したアウストラロピテクス等の猿人、ジャワ原人・北京原人、ネアンデルタール人などの旧人、そして約3万8000年前に登場したホモ・サピエンスなどの新人を経て、古代文明が成立します。レムリアやアトランティスはさておき、人類の歴史の始まりです。

日本の世界史教育は、先史時代から始まります。

日本の世界史の授業では、世界四大文明として、メソポタミア、エジプト、インダス、黄河文明を最初に学びます。実はこの括り方は誤りであると指摘されていますが、日本の教科書はなかなか変更されません。

この4つの文明の他にも、メソアメリカ文明、アステカ文明等、多くの古代文明が発見されています。そしてなんと、日本にも、古代文明が存在した証拠が青森県の大平山元遺跡で発見されました。1万6000年前の世界最古の土器です。土を捏ね、成形して焼き、料理した形跡も残されています。

ともあれ、こういった古代文明において、宇宙の創造についていろいろな伝承が残っています。

そのうちの一部をご紹介しましょう。

ネイティブ・アメリカンのホピ族は、「最初の世界はトクペラ（無限宇宙）だった。だがホピによれば、はじめは創造主タイオワしかいなかったという。それ以外はすべて無限宇宙だった。始まりも終わりもなく、時も形も生命もなかった。創造主タイオワの心の中に始まりと終わり、時、形、生命を持つ、推しはかることのできない無の世界のみがあったのである」と伝えています。

中国南部の天地開闢《かいびゃく》神話では「はじめは無があった。時が過ぎると、無が有になった。また時が過ぎると、有が2つに分かれた。それは陰と陽だった。この2つがさらに2つを生み出し、その2つが盤古をもたらした。最初の存在者であり、偉大な人間で、創造主である」。

また、古代インド、リグ・ヴェーダでは「その時、無もなかりき、有もなかりき。空界もなかりき。そを蔽う天も無かりき。何者か活動せし、何処に、誰の庇護のもとに。深くして測るべかざる水は存在せりや。その時、死もなかりき、不死もなかりき。夜と昼との標識もなかりき。かの唯一物は、自力により風なく呼吸せり。これよりほか何物も存在せざりき」。

そしてソマリアのイスラム教で「時が始まる前には神がおられた。神は生まれもしなければ死にもしない。望むものがあれば、神が『ここにあれ！』と口にするだけで、それは存在するのだ」。

さらに旧約聖書「創世記」では「はじめに、神は天地を創造された。地は形も空間もなく、闇が深淵の面にあり、神の霊は水の面を動いていた」との記載がなされています。

まだまだたくさんありますが、キリがないのでこれくらいで……。

ここで共通していることは、最初は「無」であったということです。そして、何らかの力が働き、この世界ができあがったということ。これは、ビッグバンの現象と似ています。そして、インドのリグ・ヴェーダ以外は、「神」の存在を示唆しています。この世界の創造神話は、どことなく似通っています。

古代の人々は、想像力が豊かだったのでしょうか。それとも、誰かが見聞きしたのでしょうか。各地の創造神話が似通っているということは、それを世界中にいる古代人たちに伝え歩いたのでしょうか。一体誰が、何が、何の目的でこのような似通った話を地球上の古代文明に残したのでしょうか。

(5) 見えない力、創造主というもの

ビッグバンが宇宙を創り、最初の水素原子を作り、電子に電荷させそれが原子核の周りを回るようになったと、物理・天文学者たちは仮定しました。ビッグバンのエネルギーが、「無」の空間を動かし、電子をピン、と弾き、勢いをつけ、そしてそれが原子核の周りを回り始めたとしましょう。まあ、この説が違うという方もいるかもしれませんが、証明できないことなので一旦スルーし

てみてください。

物理・天文学者は、「どうやって（How）」宇宙ができたかを探求しています。

では一体、誰が、否、「何（Who or What）」が、そして「なぜ（Why）」、無の空間において、ビッグバンを起こし、とてつもない大きな宇宙空間を、そして水素や他の元素を作り出したのでしょうか。そしてその元素からなる細胞を持つ我々を作りだしたのでしょうか？　そのエネルギーは、人智を超える壮大なものです。物理科学的には、ビッグバンによって宇宙が始まったと仮定しましたが、誰が、何のために、ビッグバンを起こしたかは証明されていません。

先ほど紹介した創造神話では、「創造主・神」という言葉が見られました。それは、「創造主・神」の仕業なのでしょうか。そうであれば、「創造主・神」とは何者なのでしょうか。

前述の通り、私たちは三次元でしか表されない世界に生きているので、それ以上の高次元のことや目に見えないものは、計算こそある程度できるとは言え、仮定することしかできません。現在の物理科学も仮定はすれども三次元の域を超えられませんし、実際私たちの持つ五感で確認することもできません。ひょっとしたら、計算の及ばない、私たちの認識できない未知な世界があるのかもしれません。

あるお医者様は私にこう言いました。

「私たちは、実は、細胞ひとつ、元素ひとつ、無からは作れないのです。現在存在する細胞からクローンは作れても、フランケンシュタイン（人造人間）に命を吹き込むことはできないのです」

一時期話題となったｉＰＳ細胞やＳＴＡＰ細胞ですら、無からは作れないのです。

つまり、いま現在の地球上の人間の能力を超えた力、無を有にする力、科学を超えた力でこの宇宙はできあがったということになります。そしてなぜだか、数千年前の古代文明の伝承には、そのような記録が残されています。彼らは何を知っていたのでしょうか。

その、人智を超えた力が、この大きな宇宙を、太陽を、地球を、そして私たち生物を、そして小さいところに目を向けると、細胞・分子・元素から、それ以上の目に見えないものを組成した、そう仮定するとしましょう。


「宇宙の創造のエネルギー」……それを先人たちは古代より「宇宙の創造主」、あるいは「神（God）」、大神霊、Great Spirit、White Spirit、アラー、ブラフマン（梵天）等々と呼んできました。

現在ではこれらの名称は宗教で言うところの「神」とされています。

「創造主・神」と呼ぶと宗教的に感じ、抵抗がある方もいると思いますが、ここではこの創造エネルギーを便宜的に《創造エネルギー・通称〈神〉》と呼びましょう。もちろん、人の形はしていません。


では《創造エネルギー・通称〈神〉》がこの世界を作ったその目的（Why）は、何でしょうか？

それにまた、現在、宇宙は、Universe（ユニバース、単一宇宙）だけでなく、Multi Universe（複数の宇宙空間）を統《す》べるという説もあります。この宇宙の外側に、さらに同様の別の宇宙がある、というのです。

そしてまた、別の見解では、この宇宙には地球が複数存在する、といったマトリックス構造（多次元的）、パラレル・ワールドの仮説もあり、理論上は、私たちの住む三次元の世界のみならず、四次元、五次元、それ以上の空間世界があると言われていますが、それを体感し証明することは、そもそも三次元の肉体と頭脳では不可能です。これはもう、我々の想像や理解を超えていますね。

Tea Break

これは私見ですが……。

数々のSF（サイエンス・フィクション）の世界では、いろんな星のいろんな生物が登場します。スターウォーズ、スタートレック、銀河鉄道999等々。作者はよほど想像力が豊かなのか……それとも、前世でどこか別の星で見聞きしてきたことを魂のどこかで記憶していたのか？

前世の話も、あとで出てきます。お楽しみに！

第2章

歴史と宗教が語る《創造エネルギー・通称〈神〉》とその死生観

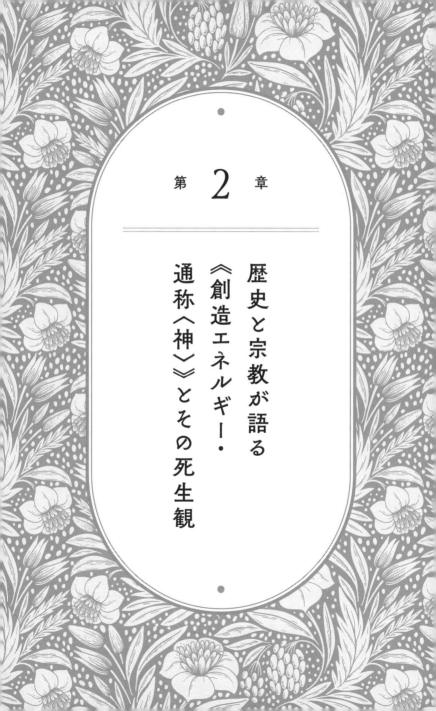

宇宙の創造話からちょっと離れて、私たちの先人たちが《創造エネルギー・通称〈神〉》と人間の死をどう認識していたかを考えてみましょう。

人間は、身体という物質以外に、思考・感情があり、そして魂があります。それは、死を迎えると魂が肉体から抜け、思考や感情がなくなり、また身体は単なる物質となります。元素の塊である肉体に宿る思考・感情って何でしょう。なぜ私たちにはそれが備わっているのでしょう。

その人間は、死ぬと魂が身体から抜けると言われています。そしてその残された身体には思考や感情がなくなります。とすると、その思考や感情は魂に宿っているということになるのでしょうか。では魂って何でしょう?

動物にも魂があります。すべての生き物は、この地上に誕生し、そして肉体は朽ちていきます。魂は、実は太古の昔から知られていた概念です。霊魂や霊とも言われます。

魂を持って人は地上に誕生し、魂が抜けて死を迎える、その生と死は、昔から人々に非常に身近な存在だったのです。この章では科学から一旦離れ、中学・高校で学んだ古代史の、ほんの一部を思い出してみましょう。

多くの古代文明の伝承で、《創造エネルギー・通称〈神〉》というのが認識されていました。では、古代文明の人々にとって、命、死とはどのようなものだったのでしょうか。その人々が信じていた死生観、魂の行く末を少しだけ覗いてみます。

（1）古代文明とその死生観

＊メソポタミア文明

約3000年以上も前、いまもペルシャ湾に注ぐチグリス川、ユーフラテス川のデルタ地帯に、シュメール人による都市国家が形成されました。

「ギルガメッシュ叙事詩」という名称を聞いたことがある方もいらっしゃるでしょう。その中に、シュメール人・アッカド人の死生観が綴られており、肉体的死への恐怖、不死の追求、それを断念して死を定めとして生きることが書かれています。人間の死は、神々によって定められている、と理解していたようです。

メソポタミアでは、死後、人間は冥界に行くと考えられていました。死者は、西にあると言われる冥界に旅立つため、顔を西に向け、食料品、旅支度、旅路の資金・贈物としての金銀宝石等と一緒に、地下に埋葬されました。太陽がある西に冥界の門があると信じられていたのです。贈物は、冥界の7つの門を抜ける時に、その門番に渡すと言われています。

ここでは、霊的復活や輪廻転生という概念は見られず、冥界に行った死者は冥界に留まります。供養されない霊は地上で悪さをすると考えられ、子孫の繁栄を願い、定期的に供物を供えるなどの供養をしていたようです。

死は恐れの対象で、「死者も安らぎを得ないと地上人に影響が出る」と思っていたようですが、その供物が非常に現実的な、食料、宝飾品等の贈物であった、というのは面白いですね。果たして、冥界にその物質が本当に届くのでしょうか?

＊エジプト文明

紀元前3000年頃からと言われる古代エジプト文明。サハラ地帯が砂漠化された紀元前4000年頃、人々はナイル川近辺に移動し、村を形成します。何せナイル河は毎年氾濫します。そのタイミングを予言したり指示した人が、後に「ファラオ」(王)となり、権力を持ちました。

エジプト人は、死後も生前と同じ生活が続くと信じていました。ファラオは、その知識と権力を持って、死後の生活を確固たるものとするようピラミッド(墓)を作り、そして再生に向けて、自身の体をミイラ化しました。

古代エジプトには、死者の霊魂が冥界の楽園に入るまでの手続きを記した「死者の書」というものがあります。冥界の王、オシリスは、全身包帯で巻かれた姿で描かれています。死者は、西の方に埋葬され、冥界に入る際にはオシリスの審判を受けます。死者の復活には体が必要だと考えた古代エジプト人は、ミイラとしてその遺体を残すことを考えました。脳や内臓を取り出し、体と内臓を乾燥させ、防腐処理をし、心臓を体に戻し、詰め物をし、麻布で松脂を塗りながら巻きつけていきました。

古代エジプトでは、霊魂は死後も存在し、活力を存続するためには供物や儀式を要していて、最終的に「祝福された死者」となるため、肉体の保存は重要でした。

＊インダス文明

インドの西、インダス川沿いの広域にわたり、紀元前2500年頃から1500年頃、インダス文明が存在しました。1920年頃にモヘンジョ＝ダロやハラッパーの遺跡が発掘され、その都市は東西南北に道路が整備され、建物は焼きレンガ、高度な青銅器や土器も見つかっています。ただ、そこに記されているインダス文字（象形文字）の解読がなされていないため、そこでの死生観をうかがい知ることはまだできていません。神殿も宗教施設らしきものも存在しないことから、極めて平和的に統治されていたと推測されています。

その後紀元前1500年頃、インダス川上流のパンジャーブ地方からアーリア人が戦車を持って侵入し、先住民族を支配する過程で、バラモン教が作られました。「ヴェーダ」という聖典が、当初は口伝で伝えられていましたが、紀元前12世紀頃に現在の形に編纂されました。

そのバラモン教は多くの自然神を崇拝しました。「バラモン」とはカーストの最上位である司祭階級のことで、英語では「ブラフマン」。つまり、宇宙の根源である「ブラフマン」と近い存在、とされました。

バラモン教では、死は「無」になることを意味するのではなく、輪廻転生が説かれ、人の魂は生まれ変わるということ、そして因果応報（善も悪も）であると信じられていました。つまり、前世に原因があり、現世に結果がある、ということが理解されていました。この考えは、仏教的また、スピリチュアリズム的教えにつながっていきます。

＊黄河文明

紀元前1600年頃、黄河の中流に殷王朝が成立、青銅器を使用した農耕文化が発達しました。王は占卜を使って祭祀を行い、神を崇めるというよりはむしろ、祖先信仰を行っていました。

実はあまり死生観のことに触れた参考文献を見つけることができませんでしたが、紀元前220年頃成立した秦の始皇帝は、不老不死の薬を求め、家来が見つけたその薬を飲んで没したと言われています。また、紀元前6世紀半ばより登場した諸子百家と言われる哲学思想がありますが、死後について記したものは見当たりません。

これはあくまでも私見ですが、三国志（の漫画）を読んでいると、群雄割拠のこの時代、王侯貴族の戦争に巻き込まれ、何十万・何百万もの農民たちが平気で生き埋めにされたりします。そもそも人間の命というものを軽く見る民族なのでしょうか。その後、仏教や道教が広まるようになります。

Tea Break

エジプトの神話で語られるオシリスという人は、神の子として王位を継ぐのですが、それをこころよく思わなかった弟セトと激しいバトルが繰り広げられます。誤ってセトの妻と関係を持ってしまってからはもう大変。セトは、オシリスを騙して棺桶の中に寝かせ、蓋をし、海に流しました。オシリスの妻（であり妹でもあった）イシス（魔術の神）は、必死になってその棺桶を探し当て国に持ち帰り、オシリスを呪文で復活させました。復活したことを知ったセトは、オシリスを再び殺害し、体をバラバラにし、エジプトの各地に捨て、王位に就きました。これまたイシスが大活躍。海に捨てられ魚に食べられてしまった男性器を除いてすべて探し集め、それをくっつけ、包帯でグルグル巻いて、復活の呪文をかけました。残念ながら一部が欠けていたため、人間としての復活はなりませんでした。地上に残れなかったオシリスは冥界に行き、そこで王となったのです。

これには後日談があります。セトは、オシリスの王位継承者である息子ホルスの命を狙っていました。息子とともに身を隠していたイシスは、息子の成人後、神々の元に現れ、ホルスが正当な後継者であることを主張します。ここから先は、セトと、ホルス・イシスの長い長い戦いです。騙し合いや死闘の末、セトはホルスを継承者と認め、その王位を譲ったのでした。エジプトの神々は、非常に人間くさいですね。

いずれにしても、エジプト史上の最初のミイラ、オシリスが冥界入りしたことで、死者の国ができました。死者は、最後にはオシリスの審判があり、そこで罪がないことが認められると、楽園に入ることが許されます。

エジプトのお墓は「オシリス・何某」と、名前の上に「オシリス」をつけます。日本での戒名にあたるようです。死者がオシリスと同化し、死後の生活を歩むことを願ってのことだそうです。

(2) 宗教から見る《神》

古くから、神や見えない霊、精霊との交信は行われてきました。日本でも、巫女が政治を司ったり、陰陽師が精霊を操ったり、恐山のイタコや沖縄のユタが亡くなった霊のメッセージを伝えたり。西洋では悪霊との関わりが多かったため、キリスト教系のエクソシスト（悪霊払い）は現在でも存在しています。霊＝幽霊＝怖いもの、という認識がされ、現在でもそれを題材にしたホラー映画が作られています。

文明が成熟してくると、今度はその時代の社会環境、生活習慣にあった宗教が成立し、人々の精神的支えとなってきました。いまの人生の苦難や死の恐怖から救われたい、何かにすがりたい、と思うのは、古代からの人間の性《さが》なのでしょう。世界三大宗教である仏教、キリスト教、イスラム教における「神」という存在を見てみましょう。

＊仏教

平安時代に遣隋使・遣唐使とともに中国大陸から日本にもたらされた仏教は、いまでも日本の生活に根付いています。人が亡くなったら、仏式のお葬式を上げ、家には仏壇（神棚も一緒にある家もありますが）、お彼岸とお盆のお墓参りは日本の文化の一部です。また、京都や奈良、その他古い都市や町には、神社と並び、多くの寺院も見られます。

ここでは、日本で展開されている仏教というよりむしろ、原始仏教を取り上げましょう。

仏教の創始者はゴータマ・シッダールタ。紀元前数世紀前（不詳）、シャカ族の王子として生まれた彼は、ブラフマン（梵天＝神）の啓示を受け出家し、修行の道に入りました。苦行に意味はないと判断し、のちに悟りを開いた後、「ブッダ（仏陀。悟りを開いた人という意味）」を名乗り、八正道（正見、正思惟、正語、正業、正命、正精進、正念、正定）を説きます。入滅するまでの長い旅の中で、人々の生き方、心の持ちようを伝えました。

その死後、弟子たちにより多くの経典が書かれ、実存しない多くの仏（阿弥陀如来、大日如来、薬師如来、釈迦如来等）、菩薩（観音菩薩、弥勒菩薩、文殊菩薩等）や諸尊（不動明王、弁財天、帝釈天等）が生まれました。その後、大乗仏教として日本に伝来し、大衆にその教えを広げる努力がなされました。それが簡素化され、日本では念仏を唱えたら救われるといったものも現れ、原始仏教における本来の思想とは意味合いが変わってきています。

原始仏教では、死後の世界を説かず、むしろ現世での生き方を律します。しかし、その後、いろいろと宗派が分かれ、例えば「56億7000万年後にこの世は弥勒菩薩により救われる」という説もあります。そもそもそんな未来、私たちは生きていないですよね。

*キリスト教

次に成立したのはキリスト教です。

キリスト教とイスラム教のベースは、ユダヤ教の旧約聖書でした。神（ヤハウェ）から啓示を受けたモーゼによる十戒といった戒律により、乱れた世の中を整えようという試みでした。

イエスは、大工ヨセフとマリア（後に聖人化され、処女受胎を受けた聖母とされました）の間に生まれ、幼少期はどのような生活を送っていたかわかっていません。ヨハネから洗礼を受けて以降、霊能力が開花し、民衆に数々の愛の教えを説きまわり、絶大な人気を博しますが、ローマ皇帝の権力により、十字架の上で罪人として死に至ります。

彼の弟子たちによって、彼の様子が福音書として記され、新約聖書の原本が生まれました。その原本の一つは、いまもバチカン市国サン・ピエトロ寺院の奥底に眠っているという噂もあります。原典が非公開なのは理由がありますが、これは各論でお話ししましょう。そして、イエスの死後にキリスト教が成立しました。

イエスの道程を記した聖書では、死後の世界を説きました。キリスト教では、人間は死後、最後の審判を受けて、天国に行くか地獄行きとなるかが決まると教えます。ですから信者は皆、天国に行けるよう、聖書を信じて勉強し、礼拝に参加し、祈りを捧げます。そして、天国に行ったら最後、もう地上への復活はなく、すべてのしがらみから解かれると教えます。これらはイエスの本当の教えとは異なるものです。

＊イスラム教

イスラム教の創始者ムハンマド（マホメット）は7世紀に入り、大天使ガブリエルから神アラーの啓示を受け預言者となりました。神への奉仕を重んじ、相互扶助的な性質を持ち、コーランやシャリア法に則った生活（信仰告白、礼拝、喜捨、断食、巡礼）を重要とし、また偶像崇拝は一切禁止しています。その代わり、現存するコーランは金ピカに飾られています。しかし、現在では、多くのイスラム教信者は慣習にとらわれ、また、ムハンマドの後継者の正当性を争い宗派が対立し、宗教戦争を起こすことになりました。

これらの三大宗教において、《創造エネルギー・通称〈神〉》は、預言者（ブッダ、イエス、ムハンマド）に言葉を与えました。つまり、彼らは「見えない偉大なるもの」と交信し、そこから啓示（インスピレーション）を受け取ったのです。

前章で、《創造エネルギー・通称〈神〉》がこの宇宙や物質世界を創ったと述べました。そして、宗教が形成される以前の多くの古代伝承において、《創造エネルギー・通称〈神〉》が無からその世界を創ったとされ、人々はその存在を語り伝えました。

文明が栄え、政治により民衆が統治されるようになり、民衆の精神的支えとなる教えを説いたブッダ、イエス、ムハンマドといった預言者たちは、同じ《創造エネルギー・通称〈神〉》から啓示を与えられました。もしそうだとしたら、《創造エネルギー・通称〈神〉》には明らかに「意図(Why)」があります。

その《創造エネルギー・通称〈神〉》は、何らかの意図を持って、物質的肉体である私たちに魂を与え、思考と感情を与え、そして私たちをより良い方向に導くために、預言者を配置したのではないでしょうか。

原始宗教の教えは至ってシンプルで、友愛を中心にし、生活する上での注意点を述べています。神や預言者たちは、民衆そして社会が愛ある世界に変わっていくことを期待しましたが、その時代背景もあり、決して上手くいったとは言えません。宗教はやがて、その土地の政治的支配者により政治利用されるべく、教義が密かに変えられたり、儀式を重んじたり、献金を促したりと、宗教のトップが民衆をコントロールしやすいようにと変化してきました。

しかし、この宗教の広がりはその後の近現代に起こるスピリチュアリズムへのしっかりとした布石になっていることは間違いありません。

(3) 日本における「神」と死生観

日本における神様のお話を少ししましょう。

その昔、3世紀頃、邪馬台国に卑弥呼という倭国の女王がいたことが中国の魏志倭人伝やその他の歴史書に記載されています。彼女は巫女（シャーマン）であり、宣託を用い政治を司っていました。ここでも、見えない力が存在していたことがうかがえます。

日本最古の歴史書としては、平安時代に編纂された古事記と日本書紀があります。近年、その内容は事実を表していないのではないか、つまり、当時の権力者の都合の良いように改ざんされているのではないかという説もありますが、ここでは触れません。

古事記によると、日本という国も、《創造エネルギー・通称〈神〉》によって造られました。神々から任命された伊邪那岐神（イザナギの神・男神）と伊邪那美神（イザナミの神・女神）によって日本列島ができ、その後、数々の神々を生みました。最後に火の神を産んだ後、伊邪那美神は火傷のために亡くなり、黄泉の国（死者の国）へ行きました。悲しみにくれた伊邪那岐神は、黄泉の国まで妻に会いに行ったところ、朽ち果てたその姿を見、逃げ出します。怒った伊邪那美神は「毎日1000人死ぬことでしょう」と呪いをかけたのを受け、伊邪那岐神は「では毎日1500人生まれることとしよう」と返しました。これが日本での生死の起源と言われています。

無事に現世に戻った伊邪那岐神は、川で禊をし、左目を洗ったら天照大御神（アマテラスオオミカミ）（女神）、右目を洗ったら月読尊（ツキヨミノミコト）、鼻を洗ったら須佐之男命（スサノオノミコト）が誕生しました。その後に大国主命（オオクニヌシノミコト）、瓊瓊杵命（ニニギノミコト）等、さらに多くの神様が生まれました。神々はとても人間らしく、いろんな問題や揉め事を起こして、すったもんだしていたのは、ローマ神話やギリシャ神話と類似しています。

もともと日本にはアニミズムが存在しており、多神教です。太陽、山、巨石、巨木、星、人智を超えるもの全般を畏怖し拝みます。この自然の中で生活し、共存しながら、生や死の概念を捉えていました。古神道が変化してきたのは、神社が建立され、崇拝の対象が自然ではなくなってきてからのようです。様々な神様を祀った神社が全国各地にあります。特に、天照大御神は太陽神として大変高位な方とされています。

仏教の日本への伝来は6世紀半ばです。そこでは出家者以外も救うとされる大乗仏教が伝播されましたが、釈迦の説いた「八正道」が正しく広く伝わったかは疑問です。仏教では人間は死後、極楽浄土か地獄に行くとされます。輪廻転生・因果応報の概念も伝えられてきています。

面白いことに、日本にはヒンズー教の神々も多く祀られています。宇宙の創造神ブラフマンは大梵天。その妃は弁財天。その他に、帝釈天、毘沙門天、吉祥天など。そして韋駄天は足の速いスカンダという破壊神シヴァの弟です。

また、平安時代以降、陰陽師という官職が精霊を操ったりしていました。悪霊や生霊の存在も信じられ、紫式部の「源氏物語」でも度々登場します。死して霊になる、という考えは、日本では古くから認知されていたのです。江戸時代になると、「番町皿屋敷」「四谷怪談」などの怪談ものを通じて死後の世界や幽霊・妖怪が人々に知られるようになり、現代の怪談ブームの基になりました。日本人にとっては、「死はまがまがしいものであり、死んだら悪霊になる可能性がある」、そういう話がもてはやされたようです。

(4) 誰がこの宇宙を創ったか

これまで、宇宙と元素、人類の創造と、古代文明や宗教の魂と死生観のお話をしてきました。大切なことなので、もう一度まとめてみましょう。

約138億年前、物理科学的にいうと、ビッグバンが起き、大宇宙が創成されました。

そこで最初にH（水素）ができ、いまでも1個の電子がマイナス（－）の電荷でプラス（＋）の原子核の周りを回っています。地球の大気は、そういった規則的な電子の回転が行われている窒素、酸素、二酸化炭素等で構成されています。人体も、物理的体細胞組織、体液・ホルモン、細胞内DNA構造等を細かく分解していくと、酸素、炭素、水素、窒素、カルシウム、リン等で構成されていることがわかります。それぞれの元素には結合のルールがあります。原子核の周りを規定数の電子が回転しています。

視点を外に向けてみましょう。四季は定期的に訪れます。月は一定の速度・方向・角度で地球の引力とつながり、回っています。太陽系の惑星たちも、一定のルールをもって太陽の周りを回っています。そして太陽系も、銀河星雲の外縁を回っています。銀河系もアンドロメダ星雲系も、一定の速度で宇宙の中心を大きく外側に、膨張するように回っているのかもしれません。

これまでは触れませんでしたが、物理でいうところの作用・反作用や、重力というものもあり、それは数式という規則性の中で計算することが可能です。

このルールや規則性は変わりません。ブラックホールやダークマター（暗黒物質）というエネルギー形態も、おそらく何らかの規則性があるはずです。

ここで、有名な動画を紹介します。そこでは宇宙の大きさと原子レベル、そしてある種の一定の法則という、その共通点がうかがえます。フラクタル宇宙論、つまりマクロの宇宙とミクロの宇宙を表しています。"Cosmic Eye" https://www.youtube.com/watch?v=vBFqN7ptAAQ

そして、古代文明や宗教の多くが、この世界が《創造エネルギー・通称〈神〉》という人智を超えるものにより創られたと伝えています。そして三大宗教の創始者イエス、マホメット、ブッダ、知られていない方々も、《創造エネルギー・通称〈神〉》からの啓示を受け、その愛ある教えを広めました。彼らは、私たちの五感では感じ取れない《創造エネルギー・通称〈神〉》の意思を受け取りました。

この世のすべてが科学的に実証できないことはもうご承知の通りです。その見えない《創造エネルギー・通称〈神〉》というエネルギーが、何らかの意思を持ってこの世界を創ったとしたら、これまでのすべての話に合点がいくことでしょう。また、これからお話しする内容とも、すべてつながってきます。まだまだ、ここは入り口にすぎません。

《創造エネルギー・通称〈神〉》がこの宇宙のビッグバンを起こし、電子の回転の最初の「ひと押し」をし、鉱物、動物、人類を創り、また《創造エネルギー・通称〈神〉》はその見えない力で私たちに魂を宿し、そして見えない力で私たちと交流しようとしてきました。

(5) スピリチュアリズムにおける宇宙の創造と神

では、そもそもの問題に戻ります。《創造エネルギー・通称〈神〉》は、何の目的を持ってこの世界を創造したのでしょうか。

やっとここでスピリチュアリズムの登場です。

スピリチュアリズムは19世紀中頃から始まり、20世紀に入ってすぐ、その七大綱領がまとまりました。

スピリチュアリズムがどのように成立し、どのように伝えられているのかは第9章に譲るとして、このスピリチュアリズムでは、宇宙の創造を以下のように記しています。

"The creation of the universe and the beginning of time are at present beyond man's understanding, but it may be hypothesized that aeons ago God existed in an awareness only of Himself and that there was nothing other than God. In time He manifested in separate form and this synthesis of God's mind led to the creation of the complex whole which we know as the physical universe. Particles of life arose which eventually developed into the fullness of the natural world we know today. Thus, from a realm of perfection there arose a relative world with opposites, which has God as the Directing Mind and Divine Planner behind all that is."

（訳）宇宙の創造と時間の始まりは、現在、私たち人類の理解を超えているが、はるか永劫の昔、神は自身の気づきの中にのみ存在し、神以外のものは存在しなかったと仮定されよう。やがて、別の形態として現れ、神の意思の統合体は、私たちの知る物理的な宇宙という複雑な全体像の創造を導いた。私たちの今日知るところの自然界は、最終的に、生命の粒子で満たされるようになった。このようにして、完全なる世界から、その反対の関連する世界が発生し、そして裏側には、監督をする意思とその計画立案者としての神がいる。

人智を超え、目には見えない《創造エネルギー・通称〈神〉》は、この世界を、私たちを創りました。この点は、科学的にも、伝承・神話、宗教的にも、ご説明した通りです。そういった大きな意味で、《創造エネルギー・通称〈神〉》は私たちの「父」であり、「親」であると言えましょう。

スピリチュアリズムの七大綱領の第1番目、「神は父である（The Fatherhood of God）」とは、そういう意味です。この果てしない宇宙・世界が私たちを創った、その意味で、《創造エネルギー・通称〈神〉》は「父・親」であるということなのです。それも、大きな愛を持って。非常に大きな話です。

第3章

私たち人間という存在

私たちには皆、肉体があります。でもそれは、肉体の「死」の訪れとともに機能しなくなり、朽ちていきます。肉体を持つと同時に、私たちには目に見えない感情や思考もあります。よく他人の感情（特に自分に対する否定的な感情）を感じてしまう方も多いでしょう。なぜそのようなことが起きるのでしょう？

実は私たちは、物質的な肉体とともに、感情や思考の見えないエネルギーを持っているのです。そして、その奥に「魂」というものを持っています。

ではその正体は一体、何なのでしょう？　この章ではその正体を探ります。

(1) 物質的な肉体

スピリチュアリズムでは《創造エネルギー・通称〈神〉》がこの大きな宇宙を監督する意思を持ち、そして計画立案者であるとしています。

これは何を意味するのでしょうか。何の意図を持って、宇宙を、私たちを創ったのでしょうか。神の計画とは何でしょうか。

人間は実は、外形を作る身体に、思考・感情を伴う魂が備わっている、多層構造の生物です。

物質的には、ヒトは精子と卵子の結合・受胎から始まり、度重なる細胞分裂を経て外形と内臓が形成され胎児となり、産道を通りこの世に誕生します。実際にいつの段階で「意識」があるのかは、つまり魂（意識・感情）が吹き込まれるのか。人間の地上における魂の始まりについて、高級霊シルバー・バーチによると、受胎の時に始まると言われています。

そしてまた、意識・感情を持った人間は誰でも、その身体の死後、魂が抜け、意識・感情が失われ、ただの物体になってしまいます。

生きている間、私たちは、単なる肉と骨の塊のような物質的な肉体だけではなく、非物質的な部分、つまり意識や感情も私たちの一部です。その非物質的部分、意識・感情を持ち合わせている部分は、つまり、「魂」と呼ばれているものは、いったい何でしょうか。

繰り返しになりますが、身体を作っている、皮膚、骨、筋肉、神経等の組織、血液・リンパ液、各内臓は、それぞれの役割に適した構造を持つ細胞の集合体です。その細胞を細かく見ると、核、ミトコンドリア等がいて、その周りを脂質とタンパク質からなる細胞膜が覆っています。そして、それぞれの核の中にはＤＮＡがあり、細胞分裂の際に遺伝情報を伝達します。これらの絶え間ない働きにより、私たちは呼吸し、消化吸収し、代謝し、生きています。確かこれって、中学か高校の生物の教科書に書いてありましたね。

さらに各組織・細胞を細かく分解すると、その構成する元素の95％が、酸素、炭素、水素、窒素となり、元素を細かく見ていくと、原子核の周りに一定数の電子が周回していることは前述の通りです。

そして人間の体は、小宇宙の集まり、電子の振動の塊です。例えば嗅覚、視覚、味覚、触覚、聴覚といった五感ですが、これはそれぞれの分子の振動・波動を察知し、神経細胞を通して電子信号を脳に送ることにより、匂い、映像、味、触れた感覚、音を認識します。そしてその記憶が脳内、潜在意識・顕在意識内に蓄積されます。

実はこの世には、元素よりもはるかに細かい、人間の体をもすり抜けてしまうようなエネルギー体が存在します。現在観測されているニュートリノや光子（フォトン）という素粒子もその一例にすぎません。

つまり、人間は、原子やそれ以上に細かい素粒子の振動の塊だと仮定してみましょう。これは第11章で触れる量子医学・波動医学にも関連してきます。人間は、物質的肉体だけでなく、その中に見えないエネルギーを、その振動・波動を持って、存在しているのです。

死してその魂の抜け殻となった肉体は、土葬や火葬をされて、地に戻ります。では、その感情や意識・記憶はどこに行くのでしょうか。それとも永遠に消滅するのでしょうか。

(2) オーラ

私たちには、肉体の他、目に見えないエネルギーの層が存在します。これを総称してオーラと呼びます。つまり、私たちは、その独自の波動を肉体の外にまで広げていて、肉体の外側にも物質ではない、見えない身体がある、ということです。これは、体内の化学反応によって発せられる熱というエネルギーとは違います。

オーラについて研究されている方は世界中に多くいます。いかんせん目に見えないエネルギーですので、定義が定まっているわけでもなく、科学的にしっかりと確立されているわけでもありません。でも古くは古代ギリシャの哲学者たちも認識していたようですし、中世絵画でも人物の神聖さを表す光が描かれたりしています。また近代神智学でもその研究がなされ、日本にもその概念がもたらされています。

現代では、医学博士で代替医療・波動医学の研究者である米国ガーバー博士は、その著書でオーラの波動について検証していますが、実際のところ、オーラの科学的な研究は現在では、まだそれほど多いとは言えず、ようやく量子医学・波動医学といった関連しそうな分野が現れましたが、市民権を得るにはまだまだです。このエネルギーは疑似科学的なものとされていて、それが解明されると困る人たちでもいるのでしょうか。

また、いろいろな分類方法があるようですが、ここではオーラは身体の波動に近い方から、エーテル体（幽体）、アストラル体（感情体）、メンタル体（精神体）、コーザル体（魂体）等からなり、だんだん波動が精妙になっていきます。

そのエネルギーの振動の一部は測定可能です。ロシアの研究者キルリアンによって開発された、高周波・高電圧・低電流の電場下で生体エネルギー場を撮影したものを「キルリアン写真」と言い、日本でもシンガポールでも、そんなに高額でなく撮影できます。最近では、動画でオーラの変化を録画できる技術もできているようです。

オーラの中にはその人の過去および現在の様々な情報が入っています。肉体の外側のエネルギー体の波動を電磁的に捉えたオーラのキルリアン写真や動画は、撮影時点でのその人の感情や魂の様子を色で表します。それは、身体的健康に関することであったり、精神的・感情的なものに関することだったりしますし、その時の気分や体調で変わります。色はもともと波動です。これは後述しますね。

「オーラ」の実態とはいったい何でしょう。例えば、亡くなった方のご遺体を想像してみてください。その身体には「生体エネルギー」が感じられません。つまり「オーラを感じない」ということです。なんの命も生気もない、ただの物質になっています。そこから考えると、生きている人が持っている「生体エネルギー」が「オーラ」であると言えましょう。

では、亡くなった方から抜け出たその「生体エネルギー」、つまり「オーラ」は、果たしてどこに行ったのでしょうか？　身体が機能しなくなった時点で、消えてなくなったのでしょうか？

霊界通信（ミディアムシップ）では、故人の霊とつながり、地上に残された愛する人にメッセージを伝えます。故人のそのエネルギーは、地上に生きていた時のパーソナリティ（性格等）を持っており、地上の人との懐かしい想い出を伝えてきてくれます。肉体をなくしてもなお存続するそのエネルギーは、つまりその人の「魂」だとも言えましょう。

つまり、地上でこの肉体をまとっている私たちの「生」の本質は、その非物質的部分であるオーラ、言い換えると、波動・エネルギーの存在である〈スピリット（魂）〉です。要するに、オーラをまとう人間は、自分の肉体とは違う波動のエネルギーを発している存在である、ということです。それは魂の輝きであり、過去・現在、そして未来への希望の記録を有していると言われています。

人のオーラが観える、という人がいます。霊能者や占い師さんに多いのですが、一般の人でも観える人はいます。でも本当は誰でも、人のオーラの微細エネルギーを観るとまではいかなくとも「感じる」ことができるのです。

例えば、子供が学校から帰ってきて、様子がおかしい、と直感で感じるとします。それは、その子供のオーラの中に、何かを感じたからです。

いくら平静を装っても、心の中にある怒り・悲しみ・喜び・楽しみといった感情の波動は、オーラの中に感じられます。もっと言うと、よく訓練された方は、その喜怒哀楽の原因を、具体的に読み取ることもできます。

また過去に起きたことも、すべてがそのオーラの中に蓄えられていますから、例えば小学校や中学校の時代に起きた事件や思い出でも、その中に読み取ることができるものです。

加えて、オーラには触れられます。自分自身や他人のオーラを実際触って感じることができます。現に私のワークショップでは、オーラに触ってみてもらっています。すると、ほぼ全員が、身体から5〜15センチくらい外側に離れたところに、何かしらのエネルギーを感じます。

また、オーラには、その人のすべての情報が入っています。優れたサイキック（霊能者）は、ここからの情報を読み取ります。

（3）幽体離脱

オーラは、唯物論者のあまりお好きでない想像や妄想のオカルト系の話ではなく、人間の生体エネルギーで一部は測定可能であることをご説明しました。そのエネルギーは色という形で前述のキルリアン写真に収めることができますが、その色の情報の詳細は実は測定できません。でも、色の波動には基本的な意味合いがあり、サイキック（霊能者）が自身の波動をもって、その色の波動の意味するところを読み取ることは可能です。

そのオーラについて、違った観点からご説明しましょう。

幽体離脱という言葉を聞いたことはありますか？　その経験がある方もいるかもしれませんね。寝ている時に、なぜか寝ている自分を上から見ていたとか、瞑想中に幽体離脱して違う世界を経験される方もいらっしゃいます。英語では、Out of body experience つまり、肉体を離れる経験をするということです。

幽体離脱しても、肉体は死んでいません。人間は、大きく分けると肉体と幽体（いろいろ言い方はありますが）で構成されます。肉体と幽体は、「シルバーコード（銀のヒモ）」でつながれています。幽体離脱は、肉体と幽体が分離していてもシルバーコードでつながれている状況を表します。

幽体とは、実はオーラの階層の中の「エーテル体」と言われています。これが肉体を離れフワフワとどこかに行くなんて、もう唯物論者は拒絶反応を起こしそうですね。

エーテル体の他の層はそのまま残るのか、と疑問に思う方もいるかもしれませんが、私はエーテル体の部分だけ抜いて考えることはできないと思っています。その経験を通じ、何かを感じたり何かを思ったりしますので、オーラ全体の一部が抜けるのではないかと思います。この幽体離脱については、肉体の脳波の波形で証明できるようです。

それにより何を経験したかについては、客観的な証明はできませんが、昔から、幽体離脱して

〈スピリット・ワールド（霊界）〉へ行き、その世界で見聞き体験したことが本として多く残されています。例えば後述するスウェーデンボルグ氏のように、幽体離脱をして複数回、霊界を訪問し、その状況の詳細を著述しています。

実は私たちは、毎晩幽体離脱をして霊界を探訪しています。それは、死後、〈スピリット・ワールド（霊界）〉に行った時に驚かないため、その新世界に早く慣れるためです。

この幽体離脱は、肉体の「死」ではありません。肉体と幽体はシルバーコードでつながっていますので、毎朝ちゃんと体に戻ってきています。

実際、朝起きたら私たちの意識は肉体に戻っているのですが、〈スピリット・ワールド（霊界）〉のことはほぼ覚えていません。もし皆さんが就寝時に幽体離脱をしているのなら、ひょっとして夢として記憶しているかもしれません。理屈では到底説明できない夢だったり、デジャブのような夢だったり。

その夢の中で感じたことを思い出してみてください。何かメッセージがあるのかもしれません。また、覚えていなくとも魂には記憶されているようですので、どうぞご安心を……。

でもそのシルバーコードが切れてしまうと肉体に戻れなくなってしまいます。これがいわゆる、肉体の「死」です。先ほど、死んだ人には「オーラ」が感じられないと書きました。そうです、オーラ〈幽体・エーテル体〉が肉体から完全に離れてしまって、その生体エネルギーが感じられないのは、このような理由からです。

Tea Break

世の中には、幽体離脱をし、宇宙（?）に行き宇宙人と交流したりメッセージをもらったりしよう、なんて研究がアメリカでされており、そのプログラムのCDが販売されています。好奇心旺盛な私は、それを取り寄せ、真面目に試してみました。

就寝時、ベッドに横になり、ヘッドフォンでそのCDを約30分聴き、慣れてくると幽体離脱ができるというプログラムです。ヘッドフォンの右耳、左耳、それぞれ違う周波数の音を脳に送ります。誘導瞑想のような構成ですが、その背景に流れている音は、波の音だったり、飛行機の離着陸・飛行時の人工音だったり。

これは個人的な感想ですが、聴き始めて約2週間、人工音を私の脳が受け付けなかったのか、良い睡眠がとれなくなり、朝も仕事中も朦朧とし、夜中に激しい歯ぎしりをしたようで奥歯を2本も砕くという結末。結局2週間で断念し、歯科治療費に結構な金額を取られ、痛い出費でした。「自然」でないものに手を出すな、簡単に〈スピリット・ワールド（霊界）〉を体験できると思うな、というメッセージだったのでしょう。これを止めてから、ちゃんと質の良い睡眠をとることができています。

この体験で、人工音に嫌悪感を覚えるようになり、聴く音楽は昔ながらの楽器を使った音楽、オーケストラやピアノ中心のクラシック音楽となりました。これはあくまでも、私の個人的感想ですので悪しからず。

(4) 霊体・魂

なぜ、私たちには肉体の他に感情や思考があるのでしょうか。

なぜ、私たちには魂があるのでしょうか。

なぜ、神は、私たちにそのオーラ、生体エネルギーを付したのでしょう?

これは大きな疑問です。


シルバーコードに話を戻します。肉体と幽体をつなぐシルバーコードが切れ、幽体が肉体に戻れなくなることを「肉体の死」と呼びます。この時点で、私たちは、一般的に「魂」だけの状態になります。言い方はいろいろありますが、霊と言った方がしっくりくるかもしれません。

その魂というエネルギー体は、肉体は失うけれども魂として、生前の個性を持ち続けています。生前の情報をすべて持っています。せっかちな人、おっとりした人、おしゃべりな人、怒りっぽい人、心配性の人等、魂の個性は千差万別ですが、それらの性格もそっくりそのまんまです。どんな家族構成で、どんな仕事をしていて、趣味を持っていて、どんな亡くなり方をしたか、知っています。

中には、亡くなった方の気配を近くに感じた経験がある方もいるでしょう。霊界通信(ミディアムシップ）では、ミディアム（霊媒）が故人の魂というエネルギーとコンタクトを取ります。特に日本人は亡くなったらお墓に入るとか、お墓参りして霊を慰める、とか言いますが、故人の魂はずっとお墓にいるわけではありませんし、またお墓に居着いてはいけません。それは間違った霊界観によるものです（自殺霊や殺人犯などの例外は後述します）。

その故人が日本で亡くなり、そのセッションの場所が日本とは違う海外であったとしても、その魂のエネルギーとつながることはでき、故人はミディアムに様々な情報を伝えてくれます。地上世界に縛られない〈スピリット・ワールド（霊界）〉と現実世界とのコミュニケーションの成立です。

直近に亡くなった方も、10年前、20年前に亡くなった方も、同じようにミディアムを通して情報や愛あるメッセージを伝えに来てくれます。亡くなった方の魂は、時間や空間の感覚がないのです。魂には肉体の感覚はありませんので、生前、病気で苦しかったとしても、その痛みはもう存在しません。

三次元の物質的肉体をなくしたら人の魂は自由になるのです。肉体の檻を卒業したら、自由に時空を超える魂の存在になるのです。例えば、病気による肉体の痛みや苦しみもなく、生まれつき全盲であったとしても、霊界に還ったら霊的な視力は完全に回復します。三次元の肉体に縛られている私たちには、到底理解できないことですね。

霊界通信（ミディアムシップ）で故人の方とつながると、その方が自分の存在を証明するために、どういう性格で、どういう経験をされ、どんな亡くなり方をしたか、またクライアントとの関係性

（肉親、友人等）などの個人情報がミディアムに伝えられます。もちろん、ミディアムはその方を直接は知りませんから、このことは、肉体がなくなっても個性が存在するということの証明になります。これを、エビデンシャル・ミディアムシップ（証拠提示型霊界通信）と呼び、欧米では主流です。

霊界通信（ミディアムシップ）は、私たち自身も、この肉体の檻に縛られていたとしても、そもそもは霊的なエネルギー体（魂）であり、肉体がなくなっても、その精神・感情が存在し続ける、という証明になります。スピリチュアリズムの七大綱領の第4番目、「魂は永遠に存続する（The Continuous Existence of the Human Soul）」はこのことを意味しています。

ここでとても重要なのは、亡くなった方々がそういう霊的存在になるということは、つまり自分自身も肉体の死後、同様の霊的存在になるということです。

私たちは皆、肉体をまとっていても、いなくても、そのような霊的存在であるということです。言葉を代えて言うと、肉体を持っている姿はある意味、仮の姿と言えるのです。

では、なぜ私たちはその期限ある肉体の檻に縛られなければならないのでしょうか。

そのことについて、次章ではいろいろと考えてみましょう。

第4章

波動をまとった人間

宇宙も物質も肉体を持つ人間も、はたまた魂も、ことごとく波動をまとっています。波動と一言で言っても、種類もその組み合わせも、天文学的数字になるくらいたくさんあります。

色の波動、音の波動、元素や素粒子の波動、鉱物の波動、動物の波動、植物の波動。

人間には視覚、聴覚、触覚、味覚、嗅覚の五感が備わっています。私たちは様々な物体的波動を感知し、それを脳で認識しています。でもそれらの波動は私たちにどう作用するのでしょう。

この章では、波動の話の概略と、それが我々の魂の波動にどう作用するかをご説明します。

(1) 色と音の波動

まず色の波動を見ていきましょう。私たちは物の波動を肉体の持つ視覚・視神経系統を通して電子信号として脳で認識し、色分けし、この世界をフルカラーで見ています。脳が受け取る電子信号は、つまりは周波数、波動です。人間の脳は、波動を受け取るんですね。

太陽からの光は一見して無色のように見えます。小学校か中学校の理科の授業で、光をプリズムに通す実験があったと思います。プリズムに光を通すと、その波長が7色に分かれましたね。私たちの目で見て色で認識できるのは可視光線の範囲のみです。それ以下の波動、それ以上の波動もあるのですが、残念ながら私たちの脳では色を認識することができません。

その目に見える可視光線は、380ナノメートルから780ナノメートルという波動の波でできています。そして、一番粗い波動が赤、それからオレンジ、黄、緑、青、紫と、だんだん波動の波形が細かくなります。可視光線より細かい波動は、紫外線、X線、ガンマ線、宇宙線、またそれより粗い波動は赤外線、遠赤外線、マイクロ波、ラジオ波等の電波となります。

色の波動は人間の肉体・感情にも関連してきます。好きな色、嫌いな色というのもあるでしょう。洋服や家具・寝具の色選びも、自分が落ち着く色、元気づけてくれる色、そんなものを自然と選んでいますね。また色の組み合わせで表現される絵画は、そこで表現されるものが胸を打つ場合もあれば、微妙な気持ちにさせるものもあり、色は人の感情を揺るがすものでもあります。

同時に、私たち自身も目に見えない色の波動を発していて、それが肉体の外側にあるエネルギー体・オーラの中に現れます。人のオーラを色で感じられる人もいますし、前述のようにそのオーラを写真に収めることも可能です。そのキルリアン写真という技術を使っても、残念ながら可視光線の範囲でしかオーラの色を撮影できませんが、そのカメラでも人間がいろんなエネルギーを発していることがわかります。

つまり、私たちのエネルギーの波動は、普通の人の視覚では捉えることは難しいものの、各色の微細な波動を帯び、霊能者や一部の繊細な人は、それを実際の目や心（魂）の目で、色として捉えたり、感じたり（霊視）することができます。これをオーラリーディングと言います。

オーラリーディングではその色の濃淡や、色が現れている場所から、様々なリーディングをし、その人の性格、生活状態、健康状態、過去の経験、現在の悩みや将来の希望等を読み取ることもできます。色だけでなく、相手のオーラの中から視覚的な情報を取れる方もいます。例えばその人の昨日食べた食事だったり、小学生時代の様子だったり、懐かしい人の姿だったり、またいま住んでいる家の様子だったり。

この能力を、クレアヴォイアンス（霊視。後述）と呼びます。この読み取った画像が本当にオーラの中に情報として存在するかは、残念ながら科学的証明はできていません。オーラを読んでもらった人が、オーラを読んだ人の言うことを信じるかどうか、その方の主観に頼らざるを得ません。

さらに言うと、前述通り、可視光線以外の粗い波動・細かい波動もこの世界には存在します。そういった波動をも、私たち人間は発しています。肉体の視覚や科学では解明できない波動を使って、肉体をなくした故人の霊・魂は、その存在を証明するイメージ画像等の情報をミディアムに送ってきます。現代の科学では残念ながら証明できませんが、はっきりとそれを感じる方もいます。

この世の中は色だけでなく、音でも満ち溢れています。

そして、私たちの聴覚で捉えることができる音にも波動があります。

私たちは普段、肉体の喉を使い、言葉という音を伴ったコミュニケーション手段を使います。その音を聴覚で認識して、その言葉の意味やニュアンスを感じ取ります。音楽も心や体に響きます。例えば妊娠中の胎教にモーツァルトを聴かせた方がいいという話もありますね。また醤油や味噌等の醸造にモーツァルトを聴かせているという話も聞いたことがあります。観葉植物にも言葉をかけると生き生きと育つという例もあります。もちろん、ペットにも声をかけます。人間の臨終の際、一番最後まで機能しているのは聴覚だとも言われています。亡くなりつつある人の前で、お葬式の話をしたり悪口を言うのは止めるようにと、お医者様もよく言います。

それに、苦手な音がある人もいます。例えば何かを金属でこするギーという音とか、機械音、飛行機の発着陸のエンジン音に不快感を覚える人もいるでしょう。音も気持ちを左右させるのです。

そういった音も、波動です。音階のドレミファソラシ、はその音の持つ周波数の違いから、違う音として認識されます。例えば、ピアノの調律師は、音叉を使って最初に「ラ」の音を440ヘルツに調整します。「ヘルツ」は、1秒間の振動回数を表し、ラの音は440回振動することになっています。もちろん人間の耳で捉えられない波動の音もあります。例えばイルカやクジラは人間の聞こえない音を出してコミュニケーションしていますし、犬の調教の時に使う笛も、私たちには聞きづらいですが、これは波動として科学で認識することができます。

では、科学で認識できない音ってあるのでしょうか。

テレパシーというものを聞いたことがあるでしょう。これは、言葉を使わず、想念で物事を伝えたり受け取ったりすることを言います。実際、身体がなく声帯を持たない故人の霊は、その気持ちを想念としてミディアムや霊能者に情報を送り、受け取った側は私たちの言語に変換してクライアントに伝えています。

実際に聴こえない音を聞くことができる霊能者もいます。これはクレアオーディエンス（霊聴。後述）と言い、私たちの実際の聴力で認識できない音や言葉を感じる能力のことです。霊聴の得意なミディアムは、故人の口癖やキーワード、その人の名前、住所などを聞く人もいます。残念ながら、これも現代科学では認識できません。


ちょっと別な観点から、波動を見ていきましょう。

人間はそのおよそ60～70％は水（H２O）でできています。水は波動をよく伝えます。波動の媒体、といっていいかもしれません。そして近年の波動医学や量子医学によると、各臓器は、固有の周波数を持っており、病気になるとその波動が崩れると言います。

体調が悪い、特に肉体の特定箇所の調子が悪い時、または、チャクラのどこかが詰まっていて上手くワークしていない時は、該当する箇所の「色」や「音」の周波数を与えると、その波動に共鳴し、不調が改善されると言われています。

例えば、クリスタル・ヒーリング、音叉ヒーリングなどです。音叉ヒーリングは、周波数の違う音叉を鳴らし、各チャクラや各内臓に適したバイブレーションを与えることでその部分の本来持つ波動を思い出させるというものです。クリスタルボウルを使った音のヒーリングも、同じ効果と言えるでしょう。

クリスタルボウルは厳密には身体の各箇所に対応するバイブレーションを出すものではありませんが、それを鳴らし、その振動をオーラや身体が感じることにより、心と身体のバランスを整えます。この音を聞くだけで、とてもリラックスし、違う空間にトリップする人もいますし、眠くなってしまう人もいます。ガサガサした気持ちが癒される人もおられます。

クリスタルのブレスレットやペンダントを愛用されている方、家にクリスタルのクラスターを置いている人もいます。クリスタルから発せられる色や鉱物そのものの波動に癒し効果を見出す方もいます。私もこのフィロソフィーに出会う前、スピリチュアル・ジプシー（スピリチュアルなものを探求するがために、スピリチュアルと名のつくものを片っ端から試していた時代）をしていた頃、たくさんのブレスレットやクラスターを集めていました。いまはその多くを処分しましたが。

こういった音・色や鉱物の波動と、本質的な霊性（霊格・人格）とは、どういう関係があるのでしょうね。

Tea Break

江本勝氏（国際波動友の会代表）の『水からの伝言』という著書をご存知ですか？　ドクター・エモトは日本より海外で有名なようです。外国人から何人も聞かれたことがありました。

水（H_2O）は、摂氏0度以下で液体から固体に変化し、条件が揃うと、パウダースノーの中に美しい結晶となって観られます。江本氏は精製水を用い、良い音楽を流したり「ありがとう」の言葉をかけると、美しい結晶になったという写真集を出しました。逆に、悪意に満ちた言葉では結晶にもなりえませんでした。「ありがとう」という美しい言葉や音の波動を水は受け取ったのです。もちろん、水には感情はありませんので、波動を受け取っただけになります。

さて、これが真実なのか否か？　残念ながら、唯物論的視点の科学者からは、その音楽や言葉の波動の根拠を疑われていますが、でも生物学的に観て、人間の身体は、その60～70％は水でできています。その身体中にある水分がこういった反応をしているとしたら、私たち自身の心や想念をきれいにし、言葉を選ぶことが大事となりますね。

良い音の振動を受け取ったら、きっと体にも良い効果が表れるはずです。逆に悪い音（発せられた悪い言葉）の振動を受け取ったら、心や体にも悪い影響を受けることでしょう。

（2）霊体の波動と人格・霊格

人間は、肉体をまとった霊体（肉体・心・魂）、どのレベルにおいても波動を帯びているエネルギー体です。キルリアン写真等で科学的に捉えられる以上に細かい波動を発している存在です。現在の物理科学で発見できているよりはるかに細かい素粒子かもしれません。

私たちのエネルギー体、いわゆるオーラは、エーテル体（肉体に一番近い、幽体やダブルとも呼ばれる）、アストラル体（感情体）、メンタル体（精神体）、コーザル体（魂体）という層になっていると言われており、身体とそのエーテル体（幽体）から離れるほど細かいエネルギーとなっています。そして、コーザル体すなわち魂は、科学では認識できません。

故人のような肉体をなくした霊体（心・魂）も科学で捉えることのできないエネルギー体なので、肉体を持っていた時の精神的・感情的経験はその中に持ち続けます。その魂のエネルギーは、微細な波動として他の人にも伝わります。

とても真面目に純粋に神仏を慕い修行をされているお坊さんや修道女の方々のオーラはとても繊細で美しく、浄化されていて、側にいると、オーラを意識していなくともともとても安らぐ感覚を覚える方も多いでしょう。また、芸能人や、ビジネスで成功してものすごい勢いで大衆にアプローチをしている方のエネルギーは、とても逞しくて強くて、思わず引き込まれてしまいます。ストレスでイライラしている方の波動や、病気や悩みで苦しんでいる方の波動との違いはもうおわかりでしょう。その人の生き方や、魂の持つ波動が、オーラの中に表れているからです。

大切なのでもう一度言いますと、人間は肉体をまとった霊体（心・魂）、つまりエネルギー体です。私たちは、その霊体がこの地球上に降り立ち、肉体をまとった存在です。そして肉体をなくした故人の霊体（心・魂）もエネルギー体なので、肉体を持っていた時の精神的・感情的経験はその中に持ち続けていることは前述の通りですね。その人の魂、それだけでなく、いま持っている感情や考え方は、オーラの中に存在し、波動として、他の人に伝わります。

そして、人のオーラ、その霊体・魂や感情などの波動は、人それぞれに違います。ではその違いは何を表しているのでしょうか。

私たちの発する波動の違いは、つまり、私たちの魂の質なのです。人格者と言われる人ほど、そのオーラや霊体は美しい光を放ちます。では、人格とは何でしょうか。

世の中には人格者と呼ばれる人がいます。「優れた人格を持つ人」という意味です。その具体的定義はありませんが、一般的には、誠実な人、良い道徳観念を有する人、他人に対する心からの奉仕を行う人、たゆまない努力をする人、そういった心理・行動的側面が挙げられます。このようなことから、人からの尊敬を集めます。

ビジネスで成功した大企業の創始者が人格者として挙げられるケースも多いようですが、私の周りではマザー・テレサやガンジーを挙げる方もいます。一般的な見解ですので、コメントはお控えくださいね。彼らは無私無欲で、他人や社会のために愛を持って奉仕される方々です。

これを「**利他主義**」や「**他者愛・利他愛**」と言い、「**利己主義**」「**自己愛・エゴ**」の反対概念です。歴史上に名を残している人だけでなく、私たちの周りにも人格者と呼んでもいいような心の美しい方は大勢おり、社会、会社、地域コミュニティ、そして家庭の中で、大なり小なり、その使命を果たされています。そのような人々も、その魂は美しい光を放っています。これはお金や土地、資産の大きさとは全く関係ありません。清貧を心がけている方もいます。つまり、人格は、物質的な価値観とは全く逆の別物ということです。

地上での物質的成功（金銭・名誉等々）は、霊界には持っていけません。死後の世界には、お金も、不動産も、地位も、名誉も、そういった物質的社会で手に入れたものすべて、その魂とともにあの世に持っていくことはできません。もっと言うと、この世の銀行に円やドルやユーロで貯金があったとしても、あの世には銀行はないし、もしあったとしても地上と霊界を結ぶ送金手段はありません。地上の不動産も、あの世に転送する装置もありません。有名だったり名誉称号をもらった人も、肉体をなくした後の世界では、なんの意味も持ちません。

私たちが死後に霊界に持っていけるのは、この魂に刻まれている部分、つまり人格・人間性の部分だけです。そしてそのレベルを霊格と呼びます。

その魂の経験・功績は、オーラ・魂の中に蓄積されます。そして肉体の死後、その記憶は残り、その人の霊格となります。この世の人格は、すなわち魂の格、霊格となってくるのです。

では、その人格や霊格の波動を上げるにはどうしたらいいでしょう。

人間はこの地上では、身体的、感情的、精神的、そして魂的、つまりホリスティックな存在であり、そのどれが欠けてもこの地上での「私」ではありません。もちろん、死すればその身体は失うのですが、精神・感情・魂は存在します。

何度でも言います。私たちがあの世に持っていけるもの、それは、自身の魂のみです。そうはいっても、世の中には地上において霊性・霊格を上げたい人は大勢いますし、それを上げることに注力するようなセミナーも存在します。

クリスタルボウルやチベタン・ベルの音の波動が私のオーラをクリアにしてくれる、とか、色の波動、香りの波動が私を元気にしてくれる、とか。またクリスタルという物質自身の波動によるヒーリング手法もあります。

それはある意味真実で、五感で感じられる色・音・匂いは、私たちのオーラのうち肉体に近い、比較的粗めの波動の部分を調整してくれます。でも、その本質部分、つまり私たちの波動の一番繊細で細かく美しい波動、いわゆる人格や霊格となる「魂」の部分に大きく影響させるのは、それだけでは難しいことですね。人格・霊格の波動を上げるのは、そういった物質的な五感からのアプローチではないのです。

音、色、匂いを使ったヒーリングを見てみましょう。

先ほど述べたように音叉ヒーリングやクリスタルボウルがあります。また鉱物としてのクリスタルそのものにも波動がありますので、クリスタルのブレスレットやペンダントを愛用されている方もいます。それを水に転写したジェム・ウォーターを飲まれる方もいますね。これはすべて、肉体に近いオーラを整え、肉体や五感を調整する方法とも言えます。

その波動が魂に届き、その本質であるところの他者への愛、つまり「**無条件の愛**」を発動するきっかけとなるかどうか、その人の魂を鼓舞するかどうかもまた人それぞれです。

ですから、一般的に言って、そのような色、音、匂いを受け取るだけでは、人格・霊格の向上につながる「魂からの行動」を起こすまでには至らないものです。つまり、地上的な外的波動が魂の向上を促すかについては疑問があるということです。

※類魂

実は、私たちの魂は、地上を卒業しばらくしたら「類魂（グループ・ソウル）」というものに所属します。これは、霊格を同じにした複数の魂のグループと言われており、それぞれの地上の経験を共有しています。全部が同時に地上に存在することはなく、ごく稀に、2つの魂が地上に降り立つ場合があるようで、それを、「ツインソウル」とか「ツインレイ」「ソウルメイト」「双子霊」と呼びます。

ツインソウルやソウルメイトに出会う、そして結婚するなどというセミナーや占いがあるかも知れませんが、ツインソウルだといって結婚する必要はありません。同性かもしれませんね。同じ魂の源から同時期に地上に降りてきた目的があるので、そういった環境で何か一緒に、大きな活動をするという意味はあるかも知れませんね。ともに困難を乗り越えるとか。それが、家庭であったり、仕事であったり、友情であったり。

個人の魂は霊界に行ってしばらくは、地上の愛する人を見守っています。どのくらい経ったら類魂と合流するのか、一体、類魂とはどんな存在なのか、なぜ存在するのかは、また別の機会で。

※霊界での通信手段

霊界ではどんな言葉で話されているでしょう。

実は、本質的には、霊界に「言語」は必要ありません。これは肉体のある地上の人間同士で用いられる通信手段であり、霊界の中での上の方の界層は、もっぱら「テレパシー」いわゆる想念・思念でその意図を伝えます。つまり、思ったら、即座に相手に伝わるのです。

ですから、霊界に還った最初のうちこそ、日本人は日本人で集まって日本語で語り合っていますが、そのうちにいろんな民族とも一緒になりますから、例えば日本語と英語で語り合っても、その言葉に含まれる「思念」によってお互いに意思の疎通ができるようになるものです。そして、そのうちに、お互いの思っていることが、言葉にしなくてもわかるようになるのです。ということは、思っただけで相手にわかってしまうのですから、これはもう誤魔化しの利かない世界ということですね。

では、その想念はどうやって地上の人に伝わるのでしょう。英語圏のミディアムに霊界にいる私の父とつながってもらったら、英語で父の証拠（エビデンス）やメッセージを伝えてくれます。

霊界から発せられたメッセージやインスピレーション、宇宙の叡智は、人間の潜在意識に伝わり、それが顕在意識に伝わる時、その人の有限の心により、その人の言語に翻訳されます。人間は基本はその五感で感じたことで解釈します。そのイメージ、記号、シンボルや、地上の人智を超えるものが、伝えられる過程を経て、その意味するところが狭められてきます。ですから、その受け取った人が語彙に乏しい人だったり、知識に乏しい人だったりすると、オリジナルのメッセージが拙い陳腐なものになってしまう可能性があるということです。多くの本を読み、多くの知識をつけ、多くの感情を経験し、自分の引き出しをたくさん持つことは、インスピレーションやメッセージの解釈にとても役立ちます。雑学上等！　いろんなことに興味を持ち、いろんなことを体験することは私たちの知識の引き出しを増やします。いま挑戦していること、体験していることは、決して無駄ではありません。

※オーラの大きさ

たまに「私のオーラは大きいのよ」と自慢する方がいます。また「私はチャクラが開いているのよ」と言う方もいます。

芸能人も、政治家も、大きなオーラを持つ方が多く、それに惹きつけられる人も多いものです。でも、問題は、その色や質です。大きいけど粗っぽいオーラを持っている人も少なくはありません。逆に、そんなにオーラが大きいわけではないけれど、とても繊細で美しい光を放つ人もいます

「私が無償の愛を提供するのは霊格を上げるためだ」と心に思っている方もいます。霊格はオーラの中に反映されるでしょう。

ではなぜ、オーラの大きさ、チャクラの開き具合を気にするのでしょう？　その動機は何ですか？

他者に自慢したいため？　自己実現、自己満足のため？

霊格の高さやオーラの大きさを目指し計算して行動する方も、まず間違いなく利己主義の表れです。それ

では思いや行動の「動機」が間違っています（「動機」の話は後述しますね）。オーラやチャクラを考えた時、大きな宇宙全体、そして「神」の領域の波動からすると、人間世界でいう多少の波長の違いなんて、ほんの小さな差でしかありませんし、全体的なオーラの色や、個別のチャクラの開き具合・活動具合は、個人の霊格とはほぼ関係ありません。逆に、それにとらわれている「スピリチュアル」な人たちは、そう言った俗物的観念に支配されていて、実際に霊格が高いかどうかは疑問です。

この世に霊性・霊格を測れる技術はありません。すべては、この肉体を全うし、霊界に行った時にわかりますので、その時のお楽しみ、というわけです。

第5章

生と死。私たちの魂の行く末

誰しも「自分が死んだらどこに行くんだろう」と考えたことがあるはずです。また、亡くなった方が見えたとか、側にいるのを感じたという方も少なくありません。中には、道を歩いていて、たくさんの霊が見えて怖かったという方もいますね。そりゃ、肉体のない、訳のわからないものを目撃したら、誰でも気味が悪いでしょう。そうやって思いがけず見かけてしまう霊の方々については後述するとして……。

ここまで、私たちは、肉体をまとった魂の存在であることをお話ししてきました。そしてこの肉体をなくしても、私たちの魂は生きています。多くの過去そして現在のミディアム（霊媒）たちが、亡くなった方と交信することによって、霊魂が存在することは証明されています。この章では、多くの高級霊から伝えられている、死後、私たちが戻る霊界の話をお伝えさせていただきます。

(1) 霊界の仕組みと死後の世界

私は海外に移住するまで、ミディアムという役割の人の存在を知りませんでした。初めてミディアム（霊媒師）にお会いしたのは2009年頃だったかと思います。それも、軽い気持ちで占い師に会うような感覚でした。そのミディアムはかなり前に他界した私の祖母とつながり、その風貌、性格、お気に入りの薄紫の鮫小紋の着物を言い当て、そして車椅子に乗っていたことまで伝えてくれました。もちろん、その私と初対面のミディアムは祖母のことは知らないはずなのに、私や家族に起こった出来事を見守っているという数々のエビデンス（証拠）を提供し、祖母が死後もなお、魂として生きてくれていることを証明してくれました。

そう、これが、エビデンシャル・ミディアムシップ（証拠提供型霊界通信）です。

身体がなくなっても、魂が存在するということは、つまり、私たち自身も、肉体をなくした後に、同じように肉体を持つ地上の愛する人にコンタクトを取れるということです。つまり、生前のオーラ部分が肉体の死後も存在してくれているということです。

では、私たちは死後どこに行くのでしょう？　そして、なぜ肉体の死後も生き続けるのでしょう？

(2) 肉体の死と〈スピリット・ワールド（霊界）〉という世界

幽体離脱について、第3章でお話ししましたが、肉体と魂（スピリット）は、シルバーコードと呼ばれるもので結ばれています。一説によると、私たちの魂は、毎日幽体離脱を経験し、〈スピリット・ワールド（霊界）〉を探訪し、シルバーコードをたどって、朝、肉体に戻ります。目覚めたらその記憶はなくしていますが、魂は覚えており、いつかその世界に行くための準備をしているとも言われています。

では、実際の「死」というものを見ていきましょう。

私たちの考える一般的な「死」というのは、肉体的な死です。つまり、肉体と魂をつなぐシルバーコードが切れ、魂が肉体に戻れなくなった状態を言います。魂の宿らない、ただのハコとなった肉体は、そのうち朽ち果てていきます。

シルバーコードが切れ、自分の肉体に戻れなくなった魂は、これは一般的な話ですが、驚き動揺します。通夜や葬式の場に「親戚がみんな集まってる、泣いてる、でも私はここにいるのに何で自分の体に戻れないの？」と。

特に、事故や天災などで、予期せずに肉体を失った魂は自分が死んだことを理解するのに時間がかかります。通夜、葬式、火葬まで、日本では通常数日以上かかりますので、そのうちに自分の状況を理解します。そして、ある程度納得して現世から離れる決意をした魂は、霊界の親戚縁者、指導霊に導かれ、まずは幽界に入ります。

ちなみに、亡くなってすぐに火葬すると、状況が把握できていない魂が自分の肉体が焼かれているのを見て大変なショックを受けるそうです。火葬は少し日を置いてからされるといいでしょう。

では、肉体から離れた後、その魂はまずどこに行くのでしょう？

死後の世界を〈スピリット・ワールド（霊界）〉と称しましょう。霊界にも界層があります。最初に入るところを霊界の一部である「幽界」と表現されている方もいらっしゃいます。実際に地上界を卒業した時に、ご自身でどんな世界か感じてみてくださいね。

近代以降、霊界についての多くの文献が存在します。スピリチュアリズムの歴史・先駆者の章でご説明しますが、その〈スピリット・ワールド（霊界）〉の情報は、シルバー・バーチやインペレーター霊などの高級霊から伝えられたり、スウェーデンボルグのように、ご自身で幽体離脱し霊界探訪をしたことを記したものもあります。その霊界の様子を見聞きしたり、伝え聞いたりした話は海外で多く出版され、また多くの日本語訳もなされています。現代の科学者には、実際に〈スピリット・ワールド（霊界）〉を体験する機会がないので、彼らに死後の世界について科学的に証明できないのが残念ですが……。

例えば『シャーロック・ホームズの冒険』で有名な医師・作家のコナン・ドイル（後述）は、その探偵小説の大ヒットで収入を得る一方で、大変熱心な心霊研究家でした。そして小説がヒットして得た収入を、スピリチュアリズムの普及に費やしました。

そのコナン・ドイルは、自身の死後、霊界通信によりいわゆる〈スピリット・ワールド（霊界）〉の界層の情報を送ってきました。

また、ジェラルディン・カミンズ女史（後述）という非常に優秀なミディアムを介して、生前、スピリチュアリズムの普及に尽力した故マイヤーズ霊は、〈スピリット・ワールド（霊界）〉は七層に分かれているという情報をもたらしました。その層に関しては、私たちが実際、霊界に行ってみなければ確認できないことですが。

また、マダム・ブラヴァツキーにより西洋・東洋のあらゆるオカルト情報を取りまとめた神智学という学問でも、死後の様子や霊界の界層について調査されています。概して言えることは、高い界層に行けば行くほど、その界の波動が精妙だということです。

そうした数ある霊界体験や〈スピリット・ワールド（霊界）〉の様子を伝え聞いた文献から、その共通部分をまとめると次の通りとなります。

肉体をなくした後、魂は霊界の下層にある幽界という世界に一旦留まると言われています。その呼び名は諸説ありますが、どれが正しいというのではなく、どれも、その伝えてくれている人（霊）や伝えられた人（ミディアム）にとっては正しい情報なので、前述通り、一応、幽界と呼ぶことにしましょう。英語や日本語でいろんな表記がなされている様子ですが、全く重要ではありません。そのイメージを大事にしてみてくださいね。

そこでは、まず大きなスクリーン（のようなもの）で、いままでの自分の人生の映像を見させられます。良いことも、そして悪いことも……。そこで私たちは、自分の人生を振り返り、いろいろ思い返します。反省することも多々あるでしょう。後悔することもあるでしょう。「あー、あの時、失敗してしまったな……」「こういう言葉をかければよかった」「こういう行動を取ればよかった」

などの反省が山盛りかもしれません。地上での人生に何が起こったかを、特に失敗を振り返るのは、大切なプロセスです。

その後、そこに懐かしい人たち（すでに他界している両親・祖父母、兄弟姉妹、親戚、友人）や、かつてのペットたちが迎えにきます。私たちはそこで再会を喜びあいます。生前、どんなに仲が悪いとしても、先方が悪かったと反省しているのであれば、それを伝えに来てくれますので、関係改善がなされる可能性もあります。しばらくそこで楽しんだ後、次のステップに行くことになります。どれだけの時間、そこに佇んだかは、地上の時間感覚とは違うので、一概に申し上げられません。

移動先は、指導霊（スピリット・ガイド）により導かれる新しい住まいです。それは、自分の霊性・霊格と、その波動に合った〈スピリット・ソールド（霊界）〉の界層です。自分自身の霊性・霊格は、地上での現預金資産や不動産、名誉とは一切関係がありません。

〈スピリット・ワールド（霊界）〉は、先人たち（とその高級霊）からの情報によると、大きく3層だったり7層だったりしますが、ひょっとしたらもっと細かく分れているかも知れません。どんなに愛し合ったと思われる夫婦であっても、霊格が違うと同じところに行けるとは限りません。この世で暮らしていた時に、どれだけお金持ちであっても、どれだけ名誉があっても、その物質的資産を霊界に持っていけないのはもうおわかりでしょう。その人の生きていた時の人格、つまり魂の存在となった時の霊格が、ここではすべてになります。そしてその人の霊格に合った層に行きます。

はい、ここでキーワードが出てきました。「**霊格**」です。

知り合いのミディアムの幽体離脱体験をお話ししましょう。

彼は、ある夜、幽体離脱をして、〈スピリット・ワールド（霊界）〉に行き、そして幸いにもそれを覚えている機会を与えられました。そこは、それはそれは素晴らしい光の世界でした。そこで、先に亡くなったお父様と再会し、楽しい時間を過ごしたそうです。その後、彼の指導霊が現れ、彼にもっと先の〈スピリット・ワールド（霊界）〉を見せると言ってくれたのです。彼はとてもありがたく思い、そして、「私のお父さんも一緒に連れていっていいですか？」と尋ねました。すると指導霊は悲しそうにこう答えました。

「あなたのお父さんには、上の界層は眩しすぎて見えませんので、連れていけません」と。

下の層にいる人（故人）から上に行きたくて上の層を見上げても、眩しくて見えないそうです。また上の層にいる故人や指導霊から地上を見下ろすと、非常に暗くどんよりと見えるそうです。そのミディアムの彼は、彼がその時に行った素晴らしい層についての詳細は話してくれませんでした。他言はしないと指導霊と約束したからです。でもその世界を経験した彼は、二度と輪廻転生はしたくないと言っています。それだけ素晴らしい世界だったのでしょうね。

話を戻します。彼のお父さんは、生物学的にはお父さんかもしれませんが、残念ながら、霊格的には息子の方が上だったということです。これは、夫婦にも当てはまることです。「死んでも一緒になろうね」は、ひょっとしたらできない可能性があります。

では、霊体となった、魂の存在となった私たちは、自分の霊格の波動に合った〈スピリット・ワールド（霊界）〉の層に落ち着きますが、そこでどう過ごすのでしょうか。

私たちは、そこでもまた仕事を持ちます。自分の魂に必要な仕事、霊性を上げるのに必要な仕事です。音楽家であれば音楽の仕事、医者であれば医療の仕事、また、電車の運転手であれば電車の運転手の仕事だったりと、とても幸せに暮らせるそうです。

ローズマリー・ブラウンというミディアムは、近現代の有名な作曲家の霊と交信し、彼らが〈スピリット・ワールド（霊界）〉でも作曲していたと伝えています。ショパン、モーツァルト、ベートーベン等が〈スピリット・ワールド（霊界）〉で作曲したという新曲を霊界通信で受け取り、それを譜面におとし、演奏し録音したCDが発売されています。それぞれの曲に大作曲家たちの個性が表れていて、いかにもショパンらしい曲、モーツァルトらしい曲だったりするのです。これは科学的証明は不可能ですが、〈スピリット・ワールド（霊界）〉で、いまでも大作曲家たちが良い音楽を創り続けていると想像を膨らませてしまいます。

もし以前と同様の生活がしたければ、地上での生活を模したその世界でそのまま希望通りになるようです。例えば、金儲けが好きで、株式投資が好きな人は、それを続けます。しかし、金銭は霊界では何の意味も持たないことがそのうちわかるようになり、お金に執着する気持ちが薄らぐのです。食べることにこだわりのある方は、〈スピリット・ワールド（霊界）〉で、生前と変わらず食事をすることもできますが、そこでは肉体は存在しないので、次第に必要ないとわかるようです。すると、食事に必要な内臓が消えていくそうです。

そんな地上を模した世界で、地上に近い生活を過ごした後、次の世界への旅立ちの時がきます。もっと上の界層に上がりたいと思い始めます。その時、地上の幻影は姿形もなくなり、美しい光の層に入ります。そこは地上の人のうかがい知ることのできない、素晴らしい色と光の世界です。

そしてさらに「もっと経験が必要だ」とか、「同じ間違いを繰り返さないように頑張りたい」と思う時期がきて、そうしたら地上への「転生」の準備が始まります。もう一度地上に戻り、新たな肉体という檻の中で再生し、そこで〈スピリット・ワールド（霊界）〉では体験できないあらゆる人生経験を経て、自分の霊性、魂の質の向上を図るための仕事をします。地球かもしれないし、別の星かもしれません。それは、その魂が選択することであり、どこに流れ着くかは神との合意、ある意味、神のみぞ知るです。

地球人として降り立った場合、霊的記憶は産道を通った時にほぼ忘れると言われていますが、その親や生まれる日にちは自分で決めてきますので、地球に転生した場合は、西洋・東洋占星術や四柱推命、数秘術等で、その人の本質や方向性などはある程度予想可能なようです。利用するもしないも、ご自身の自由意志次第です（これも後述です）。

※数秘術と占星術

紀元前6世紀のギリシャの数学者・哲学者ピタゴラスは、あらゆる事象には数が内在していると提唱しました。そして宇宙のすべては人間の主観でなく数の法則に従い、数字と計算により解明できるという思想を確立しました。和音の構成から惑星の軌道まで、数の裏付けを計算したそうです。

また、ユダヤのカバラ神秘術系の数秘術によると、数はそれぞれの波動を持ち、生年月日を数字に置き換えることにより、その人のたどるべき道のりとチャレンジがわかるとされています。生まれた日のナンバーは、その人がこの世に生まれてから大体10歳までの特徴、生年月日をすべて足した数はその人の基本的性格と、青年期における特徴、そして月日を足したナンバーは、青年期以降のチャレンジナンバーとなるそうです。

名前をアルファベットにし、さらに数字に置き換えてその後の人生を見る方法もありますが、この方法は、そもそもアルファベットを使わなければならないという西洋文化が基準となります。また、エンジェルナンバーというのも聞いたことがあるかもしれません。そのナンバーは、エンジェルからのメッセージ、とか……。

さらに余談ですが、原子の電子量も数字、波動（ヘルツ）も数字、宇宙の距離も数字です。数字というのは意味があるのかもしれませんし、また、私たちはその地上の数字にとらわれているのかもしれません。

(3) 天国と地獄

古代伝承や宗教でも、死後の世界についていろんな説明がされています。例えば、天国とか、地獄とか、極楽浄土とか、血の池地獄とかです。でも天国って本当にあるのでしょうか。死んだら天国に行けると固く信じていた人が実際に霊界に行ったら、どう感じるのでしょうか。果たして、地獄とはどんなところなのでしょうか。

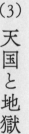

〈スピリット・ワールド（霊界）〉はその波動により多くの界層に分かれていると説明させていただいていますが、一体どの界層を持って「天国」「極楽浄土」と呼ぶのかは私たちにはわかりません。もしそれが「神」の波動に極めて近い界層であるなら、宇宙で2番目に悪い星に生まれ、霊性が宇宙水準から見るとかなり低めの地球上の人間が、「天国」「極楽浄土」といった、愛でいっぱいの、むしろ愛しかない最終地点の高い波動の界層に簡単に行けるという説は現実的でしょうか。

「死んだら天国に行く」、そう固く信じこんでいる方も、実際のところは自分の霊性に見合った界層に落ち着きます。ひょっとしたら、そこが「天国」「極楽浄土」であると信じ、そして二度と地上には生まれ変わらないと信じて、霊界で生活している人も多いことでしょう。〈スピリット・ワールド（霊界）〉の真実を知らない方は、肉体がなくなってご自身がいる世界で満足していらっしゃる方も多いでしょう。

実は、第七綱領「いかなる魂も永遠に向上する機会が与えられている」という言葉が表す通り、私たちは〈スピリット・ワールド（霊界）〉に行っても、この現実世界と同様、個人の霊性の向上のための修行が行われます。そこでは肉体という制約がないため、地上での修行に比べて学びのスピードは遅いのです。そのため、特に魂の経験の浅い人は自身で学びのテーマを決め、頻繁に地上に転生し、経験を積むことになります。でも、自分が「天国」「極楽浄土」にいると信じ込み、もう転生を行わないと決めたらどうなるでしょう。魂の成長はなく、自分や周囲の魂の状況に気づくまで、ずっとそのままで、霊界の夢の幻影の中に佇み続けることになってしまいます。

ここで残念なのが、「天国や極楽浄土に行ける」と人々に信じこませた人たち、いわゆる宗教家・思想家の方々です。この間違った霊界観を信じ込んで亡くなった方が、本当の霊界には還れずに、お墓や寺院などにさまよっています。このような霊を「宗教霊」と呼ぶ人もいます。

こういった間違った情報で、特に、転生の機会を奪い、魂のさらなる霊的経験を奪い、魂の霊性向上の妨げとなる情報を吹き込む人は、神の法則の中で、それ相当に報いがあるということを後でご説明しましょう。

さて、次に地獄の話です。洋の東西を問わず、地獄という世界があるというおとぎ話や言い伝えがありますが、血の池地獄だとか、火炎地獄とかは鎌倉時代の創作話です。三途の川の説にしても、日本独特のもので欧米にはそんな話はありません。

ということは実は実態ではないということですね。でも、これが「霊界は想念の世界」という言葉通りで、それを信じ込んでいる人にとっては「無間地獄」の形で、実際にはありもしない地獄絵図が目の前に現れて苦しむことになったりします。

霊界には数え切れないほどの界層があり、亡くなった人は魂の霊格に合ったそれぞれの界層に落ち着きます。そして下の界層から上の界層を見上げたら、眩しすぎて見えないし、上の界層から下の界層を見たら、暗くどんより見える、と前述しました。

そうです、その暗くどんよりした世界が、一般に地獄と呼ばれている界層なのです。そこには、その界層の波動に見合った霊性の方々、つまり金銭欲や、闘争心、怒り、怨み等の我欲の強い霊たちが、それぞれに似た者同士で集まっています。

この方々は、自分の地上生活に関連する「我欲」が思考行動の判断基準になっているため、いまだその低い層や地上に留まり続け、時には憑依という形で地上の人に知らず知らずに悪影響を与えているのです。

第6章

霊的存在の種類

〈スピリット・ワールド（霊界）〉は、「波動」の世界です。三次元の私たちが感じることが不可能な高次元の世界がどこまでも続いています。そんな世界が私たちの《故郷》のようなものなのです。

霊界は、様々な霊格を持つ霊で溢れています。私たちの霊、故人の霊、そしてその指導霊たちがコンタクトできる霊、そして私たちがコンタクトできないレベルの高い波動を持つ霊で溢れています。

高級霊シルバー・バーチは自身の霊性の波動が高すぎるため、地球上のミディアムと直接交流することは難しかったようです。地上のミディアムとシルバー・バーチの間に、〈スピリット・ワールド（霊界）〉に住むレッド・インディアン（アメリカのネイティブ・アメリカン）を仲介役（ミディアム）に置き、その人を通じて地上のミディアムであるモーリス・バーバネルからそのメッセージを地上に下ろしました。高級霊と私たちの波動は、これほど違います。

〈スピリット・ワールド（霊界）〉には、高級霊と呼ばれる方々の他、いろんな霊性やタイプの異なる霊的存在がいます。この章では、その種類についてお話ししましょう。

まず、私たちは、そもそも霊的存在であり、その肉体をなくしても魂は個性を持って存続しています。

いろんな種類の霊がこの〈スピリット・ワールド（霊界）〉には、霊格・霊性の波動が非常に高い高級霊と呼ばれる方々と、逆に低い低級霊・地縛霊・憑依霊と呼ばれるものがいます。この章では、特に低いものを低級霊と呼ぶことにし、これらの存在とその「霊性」について説明していきます。

(1) 高級霊・マスター(聖人)

霊界の高い層にいらっしゃる、つまり高い波動を持つ方々を「高級霊」と呼びます。なぜ高い波動を持つのでしょう。

先人たちの霊界通信（スピリット・コミュニケーション）を記した本の中で、三大霊訓と呼ばれるものがあります。

モーリス・バーバネルという霊媒を通じ、60年にもわたり高級霊シルバー・バーチとの愛溢れる交信を綴った『シルバー・バーチの霊訓』、スティントン・モーゼスという霊媒を介した霊団「インペレーター」からのメッセージを自動書記で記した『モーゼスの霊訓』、そしてフランスではアラン・カルデックの自動書記『霊の書』が挙げられます。

先ほども述べましたが、シルバー・バーチ霊は、宇宙で2番目に霊性の低い地球人との交流は、波動が粗くて困難なため、〈スピリット・ワールド（霊界）〉にいる（亡くなっている）レッド・インディアン（アメリカのネイティブ・アメリカン）の霊を仲介し、地球上にいる英国人モーリス・バーバネルと交信していると言っています。

要は、シルバー・バーチほどのレベルの高級霊は、ダイレクトに地球人と交信できないのです。シルバー・バーチ霊のはるか上の上司のイエスからの依頼で、地球にメッセージを送ることになったと言っています。つまり、イエスはシルバー・バーチ以上の波動を持っていらっしゃるということになりますね。また、その命を受け、シルバー・バーチが、この果てしない宇宙の中で最悪から2番目の地球を見た時、そこはとても暗くて、気が滅入ったそうです。

高級霊は、地上に生きている私たち同様、地上で多くの経験をされました。多くの方は、おそらく地球以外の経験もあり、使命を持ってこの地上にかかわりにこられたのでしょう。輪廻転生の中で多くを経験され、その地上の命を全うされて、そして《創造エネルギー・通称〈神〉》の尊さを知り、高い霊性を持つ聖人（マスター）となったことは現在でも認識されています。

高級霊は、イエス、ブッダ、マホメット、孔子等々の方々と言われており、特にイエスは「地球救済計画」の指揮を霊界でとっておられると、シルバー・バーチ霊は明言しています。

そしてシルバー・バーチ霊は「高級霊は謙虚です」とおっしゃっています。これはとても重要なポイントですよ。

なぜ謙虚かというと、彼らは私たちよりはるかに《創造エネルギー・通称〈神〉》に近い存在であり、物理的におよそ138億年前から始まり現在に至るその《創造エネルギー・通称〈神〉》の偉業を知ると、そしてその計画や力を知ると、謙虚にならざるを得ないのです。

第1章に戻り、《創造エネルギー・通称〈神〉》はどのように宇宙を作り、地球を造り、人を造ったかを思い返してください。そして非常に永い時間をかけて、原住民や預言者に言葉を与え、その時代にあった生き方を説き、人は肉体の死後も存在することを伝えてきました。その創造の過程を考えると、シルバー・バーチほどの高級霊でも「謙虚にならざるを得ない」と、そう言っています。

ではそんな《創造エネルギー・通称〈神〉》がこの私たちを創ったとしたら、なぜ私たちは試練や業（カルマ）に苦しまなければならないのかというと、地球は宇宙で最悪から2番目の星だから、と言わざるを得ないでしょう。万能じゃないのですか？

私たちの波動は、神のレベル、否、高級霊のレベルにははるかに届かず、その域に達するまでの魂の経験がまだまだ足りません。私たちは霊的必要に駆られてこの地上人生を生きているのです。霊能者を含め、このことを知らない方が多いのも彼らの憂いでしょう。

ともあれ、シルバー・バーチ霊は、彼が自分で名乗ったあだ名です。自身の地上生活での名前は最後まで決して明かしませんでした。

おそらく歴史上の非常に有名な方だと思われますが、名乗ってしまうと、彼が伝えようとするメッセージの中身より、「誰某が言った」、いわゆる「レッテル貼り」とされてしまう恐れがあるからです。残念ながら、私たちは名誉に弱いので、誰からのメッセージなのかが、その内容よりも重要になってしまいがちです。シルバー・バーチ霊は本当に最後まで名乗りませんでした。

後述しますが、『モーゼスの霊訓』の「インペレーター」という愛称の霊団も然りです。

たまに、「神」やイエスと直接通信する人、高級霊や大天使、日本の古事記に登場するような姫様からメッセージを受けると言っている人がいます。また「神イエスの生まれ変わりだ」とか、

「ネイティブ・アメリカンのメディスンマンの生まれ変わりだ」という人もいますが、大抵の場合、そういった高級そうな霊の名を騙った低級霊であり、高級霊の名を使っていわゆる「お墨付き」を得たと証言し、自身の知名度を上げている可能性が高いのです。

もちろん、本当にその方々とつながっている方は中にはいるでしょうが、これは、その人自身の「エゴ（名誉欲・金銭欲等）」に関わることです。つまり、そういう高級霊等の名前を出せば、自分のメッセージの信憑性が上がる、そして有名になる、お金も入ってくる、こういう流れです。

シルバー・バーチ霊が地上での本名を名乗らなくとも、その高邁なメッセージがいまだ残っているということは、それが真実だからです。

つまり、自分は「誰それ（高級霊）」とつながっている、という霊能者は要注意ということです。本当にその人につながっているか証明してくださることは稀でしょう。

もちろん、ごく稀に、そういった高級霊と直接つながれる方もいると思います。本当にそういう方に出会ってみたいものですが、残念ながら私はそういう方にまだ出会っておりません。でも、それでいいのかな、とも思っています。

宇宙の大きさと、その世界を創った《創造エネルギー・通称〈神〉》の過去現在の偉業を考えると、自分の小ささを感じ入ってしまう、そして謙虚にならざるを得ない、そう語るシルバー・バーチは、本物の高級霊です。

Tea Break

「私は前世、猫や犬だった」という人がいます。そして「来世はペットになりたい」とか……。

でも私たち人間は決して、動物に戻ることはないと言われています。霊感の鋭い人で「私は昔、猫だった」という人に、いまのところ私は出会えたことがありません。神智学でも、植物霊・動物霊（哺乳動物）を終えて進化したのが人間（人霊）だとしています。

この点については、もし興味があれば勉強してみてください。もし犬猫に非常に愛情を注いでいらっしゃるようでしたら、太古の昔、犬か猫であったのかもしれません。もしアフリカのサファリに行って魂の自由を感じていたら、ひょっとしたらその世界に何らかのご縁があったかもしれません。

残念ながら、過去その方の動物霊での経験までは、ミディアムシップのセッションをしていても私は観たことがありません。まあ、証明できませんよね。前世について知りたい方はいらっしゃると思いますが、動物だった時代のことまで蒸し返すのではなく、人間の前世よりも遠い以前の出来事として留めておくのが賢明だと思います。きりがありませんので……。

（2）守護霊・指導霊・スピリット・ガイド

私たちには皆、守護霊（ガーディアン・スピリット）と、指導霊（スピリット・ガイド）と呼ばれる方がついていています。日本人には、総じて守護霊と言った方がわかりやすいでしょうか。

守護霊は地上に生まれた時からずっと私たちを守っていてくれる高級霊と言われています。欧米の考え方だと、守護霊は非常に霊性が高く、私たちの霊的向上を見守ってくれる存在で、私たちとはコンタクトしづらいレベルとも言われています。一方、指導霊は、自分の仕事ややりたいことをサポートしてくれる霊のチームのリーダー的な役割を果たしており、より身近です。

日本では霊能者によって守護霊や指導霊の定義づけも異なるようです。例えば、守護霊は数代前の親族が自分をずっと見守ってくれている、とか。それは否定しませんし、細かいことはさて置いて、重要なのは、私たちには常にサポートしてくれる「味方」がいるということです。

ここでは、総称してスピリット・ガイドと呼ぶことにしましょう。ちなみに、私の父や祖母は何十回もミディアムシップのセッションに来てくださっていますが、スピリット・ガイドほどの霊性の高みには至っていません。

スピリット・ガイドの役割は、その人の人生を陰ながらサポートすることです。私たちよりもはるかに魂の経験値が高く、霊界の知識も豊かなスピリット・ガイドは、常に愛を持って私たちを見守ってくれます。そしてタイミングを見計らって、いろんなインスピレーションやメッセージをくれることもあります。そのインスピレーションは、何気なく開いた雑誌や本から飛び込んできた言葉かもしれませんし、シャワーを浴びていたらふっと頭に浮かんだことかもしれません。スピリット・ガイドは様々な手段を使って私たちにアプローチをしてきてくれます。

危機的状況に陥りそうな状況が回避できたケースがあるでしょう。例えば、朝いつも通り起きたのだけど、なぜか支度が進まず、仕方なく通勤電車を一本遅らせたら、予想外の事故に合わずに済んだとか……。それはきっとスピリット・ガイドからの「いつもの電車に乗るな」というメッセージだったのかもしれません。

ミディアムは、故人とつながりメッセージを受け取るだけでなく、そのクライアントをサポートしているスピリット・ガイドとつながり、メッセージをもらうセッションもします。

一般的に霊能者の中には、「貴方にはネイティブ・アメリカンのガイドがいます」とか、「修道女のガイドがいます」とか、あるいは古代中国の哲学者やローマ時代の戦士、日本の巫女やお坊さん、エジプトの神官、といったスピリット・ガイドの外見の様子を伝えてくれる方もいますが、果たして本当にこんな格好をしているのでしょうか。

スピリット・ガイドも、「霊」的な存在です。肉体を伴わないエネルギー体、光の存在です。それも、霊界の故人よりも高い波動の存在です。英語では、「集合的エネルギー体（Collective

Energy)」とも呼ばれ、どうやら単体ではないようです。光の存在は「何人」と数えられないでしょう？　そしてその姿は、残念ながら誰も証明できません。でもその姿を見せてくれる場合にはその姿自体にメッセージ性があります。

例えば、一生懸命、愛を持って母親業をしている方には、子供たちの世話をする愛の塊のようなスピリット・ガイドの姿が観える場合があります。職場で上司や同僚と日々戦っている方には、戦士のような格好をしたスピリット・ガイドが観えたり、ビジネスを広げようと頑張っている方には現代のビジネスマンのような方が観えたりもします。

人間側がやっていること、やりたいと強く願っていることをサポートしているスピリット・ガイドが、そのメッセージが伝わりやすいような姿で現れてくれる……、そう思ってください。スピリット・ガイドは常に側にいるので、自分の日々の生活・考えていることをすべて承知していま す。ミディアムシップのセッションでは、それが明らかにされるのです。

でも、スピリット・ガイドは、「あれしろ、これしろ」とは基本的には言いません。よく近未来のことを聞きたくてセッションに来られる方がいますが、「転職先の候補がいくつかあるのだけど、どちらがいいか？」「あの人と結婚しても大丈夫ですか？」と質問しても、答えは返ってこない場合が多いです。

なぜなら私たちは、神の法則、七大綱領の一つ、第五綱領「自己責任（personal responsibility）」（後述）で自分の人生を切り開かなければならないので、スピリット・ガイドは私たちの自由意志

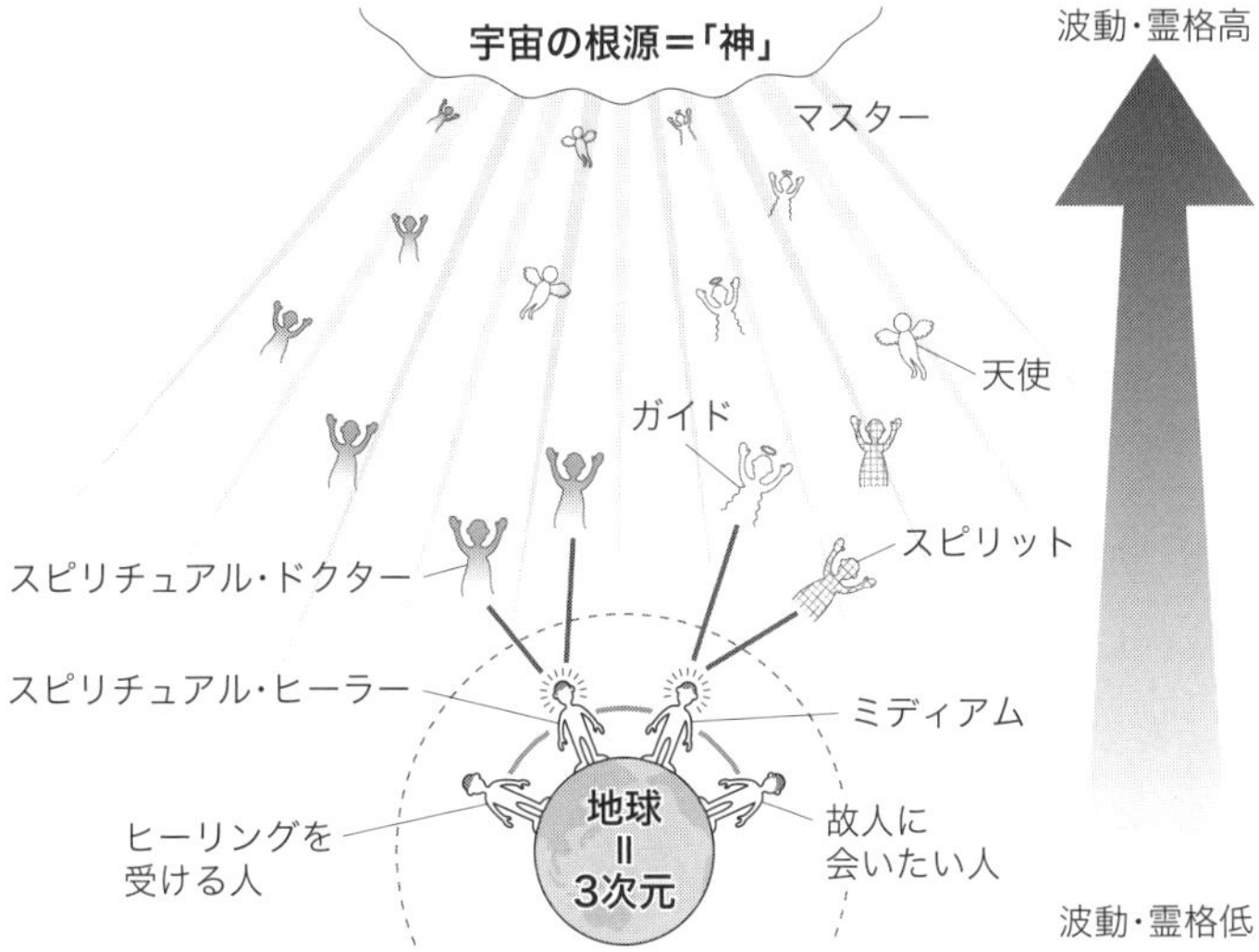

をどこまでも尊重してくれます。つまり、どの選択肢をとっても「正解だ」ということです。人生には楽な道はありませんからね。どんな道を選んでも、何かしらチャレンジしなければいけないことがあります。そしてその選んだ道で頑張って前に進むことを、スピリット・ガイドは全力で応援しています。

ですから、もし「将来の明確な方向性が欲しい、他者に選択をしてもらいたい」という方は、専門の占い師か、オーラレベルでの情報を読み取る霊能者にご相談されることをお勧めします。

そしてまた、より大きなことを成し遂げたいと思いそれを実行している人には、その人のスピリット・ガイドの数、そのサポートの光が増え大きくなっていきます。ある素晴らしいスピリチュアル・ヒーラーには、3000人ものスピリット・ドクター（またはヒーリング・ガイド。医療専門のガイド）がサポートしていたとも言われています。まあ、光は数えられないですけれどね。

スピリット・ガイドは常に身近にいる存在です。瞑想したり祈りを捧げたりすることにより、よりそのエネルギーを近く感じることができます。私のような英国SNUの先生から学んでいるミディアムやスピリチュアル・ヒーラーは、スピリット・ガイドとつながる「シッティング・イン・ザ・パワー」という瞑想を毎日行っています。そしてその瞑想中、スピリット・ガイドの愛のエネルギーを受けた時、悲しくもないのに自然と涙がこぼれたり、心が愛で温かく満たされたりすることもあります。そして常にスピリット・ガイドのサポートを意識し感謝（これ大事）しながら生活していると、よりインスピレーションとしてメッセージを受け取れるようになります。

残念なことに、こういった霊的真理、神の法則を勉強していなかったり、その存在を知らずに「（自称）スピリット・ガイド」とつながったり、メッセージを下ろし、クライアントの過去生や将来について語る霊能者もいます。

もし将来の方向性についてアドバイスを行い、クライアントの自由意志を奪い、その人生に影響を与えてしまうようなことがあるのであれば、神の法則、七大綱領の第五綱領「自己責任」に反することです。本当のスピリット・ガイドは、神の法則に反したことは言いません。ミディアムのそうした言動は、そのミディアム自身の新たなカルマを作ってしまいます。それほどミディアムの言葉は責任が重いのです。

ここで注意しなければならないのは、スピリット・ガイドは私たちよりも、そして故人の霊よりも、波動が高いということです。私たちよりもはるかに魂の経験豊かな方々です。美しく高い波動の存在です。常に敬意と感謝を持って接するようにしましょう。経験の浅いミディアムの中には、その高い波動とつながれない方もいます。ミディアム自身の魂を磨き、「動機」を正しく持ち、その愛の波動と親しくなる訓練が必要でしょうね。

※宇宙人

２０１６年、太陽からの距離が４・２２光年と、最も近いケンタウルス座の恒星「プロキシマ・ケンタウリ」に液体の水が存在する可能性のある地球型惑星が発見され、「惑星プロキシマｂ」と名付けられました。そうは言っても、ロケットの速さでそこに到達するのには10万年以上かかります。現在、超軽量の探索機を光速に近い速度で飛ばし、21年で到達し、観測データを４・２２年かけて受け取るという探査プロジェクトがスタートしました。別の生命体がいるかもしれません。いわゆる宇宙人です。

宇宙人は、本当に私たちと同じ体の構造をしているのでしょうか？

地球生命とは代謝も分子構造も元素組成も歴史も環境もまるきり違い、私たちの地球上での常識を丸々覆す存在かもしれません。ひょっとしたら、半透明かもしれないし、時間を飛び越えられるかもしれないし、テレパシーで通信しているかもしれないし、食事はいらないかもしれません。それこそ、映画のスターウォーズやスタートレック・シリーズに出てくるような風貌かもしれません。

そんな宇宙人も、実は「魂」の存在です。ただ違う星、違う環境に生まれてきているだけです。そして、私たちと同じように、宇宙の真理・神の法則に従って日々様々な経験をしています。

中には、宇宙人と交信する人もいますね。宇宙人の霊にも私たちと同じように波動がありますし、霊格もあります。残念ながらメッセージの真偽は証明することはできませんので、その内容がいかに愛に満ちたものであるか、神の法則に従ったものであるかで判断するしかありません。宇宙人は神様ではなく、中にはあまり霊格の高くない方もいらっしゃいますので、「宇宙人＝エライ、スゴイ」という図式は安易に信じない方がいいでしょう。要は、そのメッセージの中身です。

(3) 低級霊（地縛霊・憑依霊・宗教霊等）

ここまで読んでくださっている方の中には、霊という概念をあまり好ましく思っていない方もいることでしょう。霊が悪さをする……、霊に取り憑かれる……、といったオカルト本、映画、テレビ番組により、先入観を植え付けられているからです。

しかし、一部の霊については残念ながら、それは真実です。この世には地縛霊・憑依霊等と呼ばれる、かなり波動の低い、地上に近い霊もいます。欧米で「悪霊」と呼ばれる類のものです。低級霊といった呼び方をしているのは日本だけかもしれませんが、似たようなものです。そして、その霊の波動を受け取ってしまう、目撃してしまう方もいるのです。

彼らは、その言葉通り、霊性・霊格の低い、波動の粗い霊です。

その態様は様々です。自分が亡くなったことを認識できない、もしくは認めたくない霊は、霊界に行けず右往左往し、現世の親戚縁者の周りをうろついたり、気づいてもらおうとアクション（ラップ音等）を起こしたりするケースもあります。また、その死因が、さんざん悩んだ末の自殺であったのにもかかわらず、自分が死んだことには気づかず、また死ななければならないと思って、自殺願望の人に自殺をほのめかす霊もいます。六本木のクラブで麻薬を常習し、亡くなった後もその快楽を求めて現世の人に麻薬を勧める霊や、極度な金銭欲・名誉欲の亡者が同じような人間の側に寄り、ひたすら金儲けや売名行為をそそのかす場合もあります。また、地上に残された愛する人を心配するあまり、自分が面倒を見ないといけないと思っている霊は、その愛する人から離れません。もちろん、人や世の中に恨みを強く持ち続けている霊もいます。こうなったら怨霊ですね。

地縛霊も同様です。先祖代々の墓を守らなくてはと思い、そして自分が死んだらその墓に入ろうと思いながら死んでいった人は、当然その墓に居着いてしまい、挙句には子孫が自分を定期的に供養してくれないと言って憤る霊がいたりします。戦争や事故や天災で亡くなったことを自覚できず、その場所から離れられない霊もいます。パワースポットと呼ばれる神社仏閣にも低級霊が多くおり、そこにいたら成仏させてもらえると信じています。これらは単なる一例にすぎません。もっともっと多くのケースがあることでしょう。

また、体質的に繊細で霊障を受けやすい人だったり、また精神的に弱かったり、また精神的ダメージを受けていてエネルギーが足りない状態の人の魂に近づき、その身体をコントロールしようとする憑依霊もいます。精神疾患や、中には統合失調や多重人格として表れるケースもあります。

そう申し上げたら怖く思うかもしれませんが、ほとんどの方には影響はありませんので、ご安心を。心身ともに健康で、そして前向きな考え方で、他がためにと生きている健全な魂、霊性の持ち主には、このような低級霊は影響を及ぼすことは難しいのです。反対に、興味本位で心霊スポットや墓地に行くのは本当にお勧めしません。必ずや悪い影響を受けることになるでしょう。

それ以上に、身近で注意を要するものがあります。ここではそれを「宗教霊」と呼ぶことにします。その名の通り「信じたら救われる、信じたら良い方向に向かう、ご利益がある」と信じさせる霊です。

多くの場合は教祖がいて、そして信者たちは定期的に礼拝等に参加しなければならず、またその宗教団体への献金を求められます。教祖や経典に従った行動を起こしていれば、「自分の人生は安心だ」という依存心を抱かせます。またそれに従わないと「悪いことが起きる、救われない」といった恐怖心を抱かせ、そしてその団体から抜けられなくするのです。そうやって、人間の「自由意志」と第五綱領の「自己責任」での人生の選択の機会を奪います。そういう団体の教祖や幹部に限って、「神」や霊性の高い霊と直接つながっていると自分では言います。

そもそも「神」の超絶高い波動とつながれるほど、その方の霊性は高いのでしょうか?

霊性の高い霊は、人に依存心や恐怖心を抱かせるのでしょうか？

これは何も、宗教の教祖に限ったことではありません。低級霊は狡猾です。相手を信じさせるためにいろいろな手段を使ってきます。宇宙の真理、霊的真理、七大綱領を勉強していない霊能者は、こういった低級霊の格好のターゲットになってしまいます。クライアントの多くの過去の出来事を当て、近未来の出来事を当てたら、人は皆、「この人はすごい！」と信じますよね。

ここからがそういった彼らの腕の見せどころです。さらに多くの近未来を言い当てたりします。近未来の希望なんて、その方のオーラの中に情報としてあるため、霊界とつながらなくても察知しアドバイスすることは全然可能です。その情報を利用して、クライアントが気にする金銭運、仕事運、恋愛運等についてアドバイスをします。その霊能者のアドバイスで運が上がった経験をしたクライアントは「霊能者の言う通りにしたら運が上がる」、逆にいうと「その霊能者の言う通りにしないと運が上がらない」という恐れを感じるようになり、その霊能者を信じたいという依存的感情が生まれます。

では、霊能者側からしたらどうでしょうか？

本物の霊能者やミディアム、つまり霊的真理を学んでいる方々は、謙虚で非常に美しいオーラを放っています。

最近ではネット上で霊能者のプラットフォームのサイトもあり、口コミだけでなく「よく当たる」といった評判の立つ霊能者も多くいます。多くの霊能者は、他の人を助けたいという純粋な気持ちから活動を行っていると信じていますが、そういった評判がその霊能者の名誉欲・金銭欲等といった自分の「エゴ」を増長させる可能性があります。自分のクライアントを手放さないよう、これまた依存関係ができます。

果たしてその霊能者はどんな霊とつながっているのでしょうね。クライアントのオーラを読み、その過去の事実や近未来を言い当てているだけなのか、あるいは、スピリット・ガイドと違う霊とつながって「自分は素晴らしい霊能者だ」と勘違いさせられ、クライアントに役立つと思われるアドバイスを与え続けているだけではないですか?

ここで考えてみてください。もし高級霊とつながっている霊能者であれば、霊的真理であるクライアントの自由意志を奪うような、自己責任で自分の人生を選択する機会を奪うようなアドバイスはするはずがありません。ましてや、クライアントが自分に依存するような関係は望んでいませんん。これはある意味、宗教霊と似ています。スピリチュアルなものに興味がある方への罠とも言えるのです。

このような「現世」や「現世での運・物質」に執着している「低級霊（地縛霊・憑依霊・宗教霊等）」を、未浄化霊とも呼びます。〈スピリット・ワールド（霊界）〉の存在を認識していないため、自分や他人の霊性向上には無関心です。

霊能者だけでなく、低級霊とコンタクトを取ってしまう方も実際のところ少なくありません。自分をラジオとしてみましょう。ラジオだと、自分の聴きたい局の周波数を合わせますね。こういった低級霊とコンタクトを取りやすい人は、自分の周波数の範囲が他の人より、低い方に広いと思ってください。つまり、他の人が感じない低い周波数、憑依現象や低級霊の周波数を拾ってしまう体質であるということです。こういう方には低級霊が、自分の思いを伝えようと……、自分の思うように動かそうと……、悪意を持って近寄ってきます。

そういった低い波動にアクセスできる方は珍しくありません。自分の行動パターンや生活パターンが原因で低級霊が側にいるケースがあるのですが、実際に気づく人は稀です。もし酷い低級霊・地縛霊に苦しんでいるようでしたら、自分自身できちっと霊界や宇宙の法則を学び、低い周波数の存在を理解するか、ちゃんとトレーニングをした霊能者に、除霊でなく浄霊してもらうことです。

除霊と浄霊は全然違います。

除霊は、その場しのぎに低級霊、特に憑依霊を除去する方法です。欧米では「エクソシスト」と呼ばれます。低級霊は一旦その場やその人から離れますが、根本的な解決にはなっていないのです。一旦離れても、地上に執着する理由が解決されていないため、低級霊は新たなターゲットを探します。憑依された人側にも、そういった低い波動を引き寄せる理由が存在しますが、それを解決しないとまた別の憑依霊に苦しみます。

それに対して浄霊は、その低級霊に気づきを与えることです。その霊に対して、明るい霊界に行って霊的学びをするよう促すことです。彼らを説得するには時間がかかりますが、納得された場合は光に包まれ、地上を離れ霊界に向かわれます。

憑依されやすい人は、常にネガティブな気持ちを持っていたり、常に快楽や地上での幸運を欲していたり、そういった気持ちの低級な波動が彼らを引き寄せるのです。波動の法則、つまり「類は友を呼ぶ」です。

ですから、本来の浄霊は、憑依されている人の考え方と生活を併せて指導しなければなりません。また憑依された人の中には、複数の憑依霊が入り込んでいるのが普通です。それらを順次一人ずつ霊能者が説得して上へ上げますが、概して難しい気質の憑依霊たちですから、なかなか素直に理解して上がってくれる霊は少ないものです。いかに優秀なる霊能者でも大変な苦労を伴います。

(4) 天使

日本だけでなく、世界各地にもたくさんの天使ファンがいますね。私の周りにも天使が好きなスピリチュアル女子は多いです。大きな剣を持つ大天使ミカエルの勇姿、白い一輪の百合の花を携える大天使ガブリエルの優雅な姿は絵になりますね。そしてそんな大天使たちの絵と天使からのメッセージを伝えるオラクルカードであるエンジェルカードを毎日引いている人もいます。

では、天使という存在は本当にいるのでしょうか。いるとしたら、彼らは一体何なのか、そして何のためにいるのでしょうか？

天使は、古くは旧約聖書に登場します。天の使い、メッセンジャーの意味合いを持ちます。聖母マリアに「受胎告知」を行ったのは先述の大天使ガブリエルです。白いユリを持って聖母マリアの前にひざまずく姿は、中世以降多くの西洋画家のモチーフにもなっています。またイスラム教の創始者マホメットに神アッラーからの啓示を与えたのも、大天使ガブリエルです。この天使たちは、中世頃の神学者たちによりその名前と階級が定められました。

19世紀中頃、宇宙や霊的真理を探求しようと、古今東西の宗教・思想・神秘思想を研究し体系立てた神智学（Theosophy）がロシア出身のブラヴァツキー夫人によりまとめられました。古代エジプト・ギリシャ・インド等の文献に当たり、オカルト的・霊的実験を踏まえた研究の結果、天使は高級霊の一つであるが、肉体を持たず、肉体を帯びた経験もない霊的存在であり、光の存在であるとしました。実のところ、天使に「羽」が生えたのは、中世以降の絵画からです。

実は、その天使は間違いなく実在します。天使は高級霊と同じく、霊的な存在、光の存在です。ただ普通の人間には認識できないので、眉唾ものと思っている方も多いのです。実はこの天使の系統は、人間を癒しサポートするために存在します。地上の生物、妖精から、天使、大天使へと進化し、霊性が高くなり、そして大天使の存在まで霊性進化すると、高級霊同様、非常に高い波動の存在となります。彼らは人間界を経験したことがありません。ですから、天使のメッセージは非常に詩的で美しいものが多いのも特徴です。

では、実際に天使と通信することは可能なのでしょうか。

その答えは微妙です。なぜならば、通信する（できると言っている）人の主観次第だからです。誰も、大天使ミカエルやラファエルに会ったことがありませんし、大天使本人かどうか証明できません。むしろ、その存在がその「名前」を持っているかどうかも、私たちには証明できません。

私がメンバーとして登録している英国SNUでも、天使は高級霊の一つと解釈しています。スピリチュアリズムは「科学」でもあり、霊界とのコンタクトには「証明（エビデンス）」を求めます。天使がその存在を証明するエビデンスが何かは、思いつきません。天使の存在を信じるか信じないかは自分次第、というわけです。

でも、決して「存在しない」と言ってはいません。むしろ、天使の名前を特定できないだけでそれは霊的に存在しています。そして、私たちが悲しい時、辛い時、迷った時、私たちに寄り添い、癒し、サポートしてくれる存在、温かく包んでくれる存在、そう思ってください。

もし高級霊的存在なのであれば、その波動は私たちよりもはるかに高く美しいはずであり、また宇宙の真理を深く知り、その宇宙の法則から外れるようなメッセージはくださらないでしょう。そもそも、私たちの霊的波動が、彼らとコンタクトを取れるくらい十分に高いかといったら、そちらの方が疑問です。

　もちろん、天使のエネルギー体の中にも、そこまで波動が高くないものも存在しますし、彼らも私たち地上の人間をサポートするお役目を持って、毎日頑張っていることでしょう。そういった天使であれば、私たちでもコンタクトできるかもしれませんね。

　でも、もし「大天使なんちゃらとつながります」とか、「メッセージをもらいます」といった霊能者がいる場合は、私は、まずは低級霊の関与を疑います。夢を壊してごめんなさい。

　そのメッセージの内容が、宇宙の真理に基づくもの、無条件の愛に基づくものであれば何の問題もありません。そして「大天使なんちゃら」と名乗る必要もありません。名乗る必要があるのは、メッセージを伝える側の名誉欲なのでしょう。

　それに、もしもそのメッセージが人々の物質的な運や自分の欲に関連するメッセージだったら、ちょっと一息置いてみましょう。高級霊や高級な天使であればあるほど、地上での自分の名前にはこだわらないはずです。その愛あるメッセージで充分に真価が問われます。地上的な損得に関するメッセージではないはずです。

　その一例として、ドリーン・バーチュー女史のことをお伝えします。エンジェルカードを作り、それが世界的にヒットし、エンジェルカードのプラクティショナー養成コースを世界各地で行っていた方です。数多くのエンジェル・オラクル・カードを発行し、また携帯電話のアプリも作成し、巨万の富を得てしまった方が、2017年、重大発表をしました。「エンジェルとの交信や活動は、悪魔がそそのかしたことであり、もう一切エンジェルとは縁を切り、クリスチャンになる」と。

そして彼女は、今度はイエス様からメッセージをもらったそうです。なんとまあ、驚くべき引退発表でした。彼女のコメントはYouTubeで見ることができます。

悪魔、いわゆる低級霊にそそのかされてここまでビジネスを大きくしてきたのに、今度はキリストを名乗った宗教霊に取り憑かれましたか！　きっと純粋な方なのだと思います。ぜひとも、現代の聖書でなく、原始キリスト教、否、イエス様が地上に降ろそうとしている霊的真理に触れていただきたいと切に思います。ちなみにイエス様は高級霊シルバー・バーチのはるか上の上司で、そんなに簡単に地上の人間と交信できる波動ではないはずなのですが……ね。

(5) 自然霊と植物・動物・鉱物

自然霊という言葉を聞いたことがありますか？

日本は古くからアニミズム信仰があり「山や海の祟りだ」などという話も聞いたことがあるでしょう。不思議な形をした巨石を祀っている場所も少なくありません。森の木々、草や花々、空や雲、そういったものにも精霊が存在することを漠然と信じている方もいることでしょう。雲、木、花からのメッセージを受ける方も少なくありません。

私は自然霊との親和性はそれほどないのですが、ある森の中心にある大きな木に意識を合わせた時、そこにいる仙人のような精霊と多くの可愛い妖精のエネルギーと遭遇したことがあります。彼らも天使同様、人間を経験したことはありませんが、人間をサポートする修行をしています。そして、そのエネルギーに気づく人に対して、様々なポジティブなメッセージを与えてくれます。

日本には、龍神・天狗・稲荷・弁天などの、特有の自然霊があります。これらは高級霊として扱われ、特に日本神道系の霊能者はこれを霊視するようです。

また、海外でも妖精というのもあります。森の小人、ドワーフ、コロボックルなども妖精の類で、「緑の小さなおじさん」という妖精の形態もあるようです。自然霊の中にも霊格というのがあり、低級の自然霊はしばしば人間にいたずらをします。

植物もエネルギーを発しておりオーラがあり、このことはキルリアン写真を撮影することで証明されています。また植物は私たちに酸素を供給してくれているだけではなく、食物として摂取した場合のエネルギーやビタミンの元となったり、美しい花々は私たちの心を癒してくれています。

この植物の出すオーラもまた、私たちの波動を癒してくれるものなのです。その波動は、自然であればあるほど、効果が高いと言われています。また、植物は私たちの波動（特に言葉）を受け取ることもできます。ですから、愛情込めて育てた植物は、私たちに愛情を返してくれます。森林浴をする、農薬の少ない物を食べる、自然の花を愛でるなど、これはあらゆる面で、私たち人間のサポートをしてくれていると言っていいでしょう。

動物霊というのもあります。ミディアムシップのセッションの際には、たまに亡くなったペットが登場します。ペットが先に霊界に旅立っていた場合、飼い主が霊界へ帰還する時や、ミディアムシップの際に登場して、その愛を表現してくれることがあるのです。

生きている動物にも、人間ほど複雑ではないにしても、オーラや感情があり、アニマル・コミュニケーションといってそのオーラからペットが何を考えているかを聞き出すミディアムもいます。

そしてシャーマニズムでは、人にはガーディアン・アニマルのような動物霊がサポートしていると考えられています。狼、馬、犬、猫、うさぎ、ライオン等々の陸上の哺乳類、イルカ、クジラなどの海の哺乳類、フクロウ、カラス、鷹、鷲の鳥類、そして魚類や昆虫まで、ガーディアン・アニマルとして人を保護する場合は、それぞれに意味があるとしています。

では、そもそも、なぜ動物は存在しているのでしょうか。

動物は、先史時代より、食用だけでなく、その毛皮や骨を有効活用されてきており、ヨーロッパには多くの古代人の壁画にそれが記されています。日本でも、古来、内陸地方では、有効なタンパク源として捕獲されていました。のちに、その乳や卵を取るため、品種改良をされ、大量に繁殖させるようになりました。愛玩動物としては、古代エジプト時代より猫が、そして他の文明でも犬が飼われるようになりました。奈良時代の仏教の伝来に伴い、日本にもたらされた動物も、江戸時代までは殺生を規制していたものです。実際に畜産業や酪農業が発達し、日本人が食肉や牛乳をよく口にするようになったのは、第2次世界大戦後です。

結論から言うと、動物も植物もいろんな意味で、人間を癒すために、そして共存するために、存在します。いつしか人間は、その動物を「富」の手段としました。いまや、全世界で飼育されている牛が大量のメタンガスを発生し、気球温暖化につながってしまっているといわれています。余った食肉は廃棄されています。本来は共存すべき存在たる動物なのに、です。

私たちの身体は、動物性タンパク質を摂取することに慣れているので、いまさらヴィーガンになれと言っているのではありません。本来なら、私たちを癒す存在、共存すべき存在の動物をいただくのであれば、その命に感謝すべきです。そして、本当に必要な分だけ、摂取すべきです。

また植物も、大量の食物を安定供給するため、本来の品種改良や遺伝子組み換えが行われ、大量生産による食料廃棄が行われる事態にまで発展しています。特に遺伝子組み換え食品は人間の体に悪影響があるとも言われています。

自然の姿から離れた動植物も、本来は癒しの存在なのです。食という癒しを今後も与え続けてくれることを望みます。

そして、視点を変えると、鉱物にもまたエネルギー・波動が存在します。地球意識という言葉を聞いたことがあるかもしれません。地球も独自の波動を持っていて、それが人間にも作用しているという話もあります。

地球の中心、マントルの中では常に化学反応が起き、熱され高温の状態にあります。そして大陸の乗るプレートは徐々に動き、その歪みの解消として各地で地震が起きます。また、熱された海水により、海流の対流が起きます。太陽や月の引力により、海の満ち引きが起きます。マントルが冷やされてできた鉱物にも意識があり、それが地上の人間の意識と相互作用があり、それが高次のものに近づくと地球のアセンションが起きる、と言われたことがあります。

また、レムリアやアトランティス文明の古代より、クリスタル（鉱物）が祭事や政治に利用されていました。それぞれの美しい石の持つ波動が、人間の波動に何らかの影響を及ぼすことを知っていたのです。日本でも多くの古墳より、鉱物で作られた勾玉が発掘されています。

その鉱物は、私たちの波動（主に、身体レベル）を整えてくれる役割を果たしてくれます。身体的不調がある場合、その部分（チャクラ）にあったクリスタル（例えば、頭が疲れている場合は濃紺色をした石、胃が疲れている場合は黄色い石）を置くというクリスタル・ヒーリングは、身体を楽にしてくれます。

また、鉱物はミネラル、物質的な波動の塊です。微生物を繁殖させ、土壌を豊かにし、植物がその根からミネラルを摂取し、それを動物や人間が食べ、人間の体のバランスをも整えてくれます。いろんな意味で、地球の生態系そして人間を支えています。

この鉱物・地球が汚染されたらどうなるでしょう。自浄作用が効くうちは、それこそ地震や異常気象などで膿出しや人間への警告をしてきますが、手遅れになると、そのまま大地が枯れる可能性もあります。
残念ながら、地球全体との共存を図る大きな組織は、いまのところ存在しません。

※パワースポット

シンガポールは霊性が低いので日本に帰る、といったミディアムがいました。果たして土地・場所的に日本は霊性が高い国なのでしょうか。そしてシンガポールの霊性は低いのでしょうか。

パワースポットという言葉があります。これは、和製英語です。古代より神聖な土地・場所とされていたところや、「気」の良いところで、そこに行くと精霊に出会えたり、霊的パワーがもらえると信じられているようです。アメリカではセドナがよく知られています。ハワイの「気」もいいですね。イギリスでは、グラストンベリー、ストーンヘンジなど「レイライン」と呼ばれる地域では強い磁力を感じられます。オーストラリアではエアーズロック（ウルル）が先住民アボリジニの神聖な場所とされています。日本では、霊山・神社等が挙げられます。パワースポットに行けば修行をせずともパワーが与えられるとして、一時期、パワースポット巡りが流行り、ガイドブックなども発行されました。

確かにそういった場所は気のパワーを感じられるし、非常に強い磁場を感じる所もあります。でもこのエネルギーを自分にどう取り入れるかは、自分次第です。すべて「動機」の問題となります。たくさんの気やパワーを得て、より良い自分になりたいのか、より良い運を得たいのか、それとも人のために役立てたいか、です。運の話は後述しましょう。

シンガポールにも、そうした場所があります。ガーデンズ・バイ・ザ・ベイの人工滝、ブギスやチャイナタウンの大きなお寺。これらを巡り、運気を上げるツアーもあるようです。

第 7 章

魂の旅路

人間はどんな人でも、この世に「生」を受けたら必ず「死」を迎えます。どんなにお金持ちでも、有名人でも、どんなに発展途上の地に生まれても、これぱかりは皆、平等です。

この章は、改めていうと、人間、いや、魂の存在としての私たちを、「地上」での「死」を通じて観ていきます。

死して〈スピリット・ワールド（霊界）〉に行ったら、まず自分の人生を振り返ることは前述の通りです。霊界から地上に残された人々にも想いを馳せます。その後、自分の霊格にあった霊界の「層」に移動し、そこで自分のやりたかったこと、やるべきこと、そして魂の学びの続きをします。そしてしばらくして、また地上に戻るべき「テーマ」が見つかったら、転生の準備を始めます。

その霊界にいる時間はいろいろ説がありますが、おおよそ地上の時間で50～70年とも言われていますが、私たちには知る術もありません。ただ、霊格が高ければ高いほど、地上で経験すべきこと学ぶべきことが少なくなっていますので、転生にかかる年数は永くなると言われています。

この輪廻転生の繰り返しは、何を意味するのでしょう？

転生の準備は、まず、親を決めることから始まります。母親を決めて、そして生まれてくる日時を決めます。

私たち魂の存在として、その死と輪廻転生、そしてその意味を探っていきましょう。

(1) 肉体の死

私たち人間は、「死」というものに恐怖を抱きます。フロイトは、それを「タナトフォビア（死恐怖症）」という造語で表しました。カフカは「人生の意義は人生が終わることにある」と言いました。

では死、その恐怖とは何でしょうか。イェール大学で23年間、「死」についての人気講座を開講している道徳哲学・規範倫理学のシェリー・ケーガン教授は、その著書の中で、人が恐れを抱く3つの条件を挙げています。

1. 恐れているものが何か「悪い」ものである
2. 身に降りかかってくる可能性がそれなりにある
3. 不確定要素がある

これを死というプロセスに当てはめると、死に伴う痛み、死んだらどのようになるかの恐れ、予想外に早く死ぬかもしれない可能性があるということになるのでしょう。

人は、死んだらどこに行くのだろう。天国なのか、極楽浄土なのか、それとも地獄なのか？ それともどこにも行かずに、ただ無になるだけなのか。

そのような不安のない方は、おそらくいないでしょう。

では、死は本当に悪いものなのでしょうか。逆に、不死は良いものなのでしょうか。

前述の通り、その昔エジプトの王たちは、死後の魂が肉体に戻ることを信じミイラを作りました。中国・秦の始皇帝は、不老不死の薬を求め、不老不死の薬と信じたものを飲んで亡くなりました。絶対的権力と富を手に入れた者は、最後に肉体的な命をコントロールしようとします。肉体の「不死」だけでなく、「不老」、つまり、いつまでも若々しく美しい肉体を維持したいという欲望もありました。クレオパトラや西太后も、永遠の美貌を求めました。その執着はすごいですね。

また死の恐怖を和らげるために、宗教は一役買っています。あるいは、死後の地獄の霊界観、終末思想など、その恐怖を煽っていますね。

この死への恐怖は、五感で感じられる、目で見えて触れる肉体がこの地上からなくなる、つまり有限の存在である肉体が機能しなくなるところから来ています。

しかし、身体は、その心・魂の乗り物にすぎません。前述の通り、オーラは人格を有し、その存続は明らかにされています。また、死後もミディアムシップによってその故人の個性がそのまま存続しています。でも、唯物論的思考をお持ちの方々は、私たちは肉体をまとった霊魂であるということ、つまり、肉体は有限であるけれども魂は無限である、というところまで意識がいきません。結局のところ、肉体をなくしても、私たちの魂は生き続けること、そして永遠の存在であることを理解していなかったということになります。

死を恐れ、不死を良しとする考えの人は、きっと、その長い人生を謳歌できるくらいの身体的健康、生活基盤、金銭等々が整っていることを前提としているのでしょう。

でも、身体は老います。長くても100歳、120歳くらいでしょう。収入や貯金があるかはわかりませんが、食費・医療費などの生活コストはもちろんかかります。長生きをしてみたら、思ったより身体の調子が悪かったり生活苦となったりの、「生き地獄」となるかもしれません。そう考えると、不死には、ひょっとしたら永遠の退屈が待っているかもしれませんね。

次の問題は、いつ自分は死ぬのか、そして死ぬまでにどれだけ時間が残されているのか、なぜ私たちの寿命は平等でないのか、です。

人間の悩みは尽きることがありません。でも、皆いずれ肉体の死が訪れます。これだけは皆、平等です。その辺りについて、つまり、魂の帰還、肉体を失った魂のスピリット・ワールドへの帰り方を、ざっくりと考えてみましょう。

（2）自然死

かつては自然死、つまり老衰が一番自然な帰還方法だといえましょう。普通は健康に過ごしていれば、100歳くらいまでは生きることができるのではと言われていますが、それも現代の文明社会では極めて難しくなっています。

年老いて死期が迫れば自然と筋肉も衰え、食事量も少なくなり、水を飲み込む力も呼吸する力もなくなり、自然に命の炎が消える準備をします。つまり、老衰です。天寿を全うするような方は、もう死の恐怖や生への執着は少なくなっているでしょう。ある意味、人生において達観されています。そして最後は意識も遠のき、痛みも感じず、脳内アドレナリンが発生して、恍惚感の中で亡くなっていきます。

お世話をする家族の想いや大変さを考えなければ、ある意味一番幸せな死に方かもしれません。また中には前日までピンピンしていて、心臓発作でぽっくりと亡くなられる、そんな方もいます。これを自然死と捉えるかは微妙ですね。

実は私は父を老衰で亡くしています。2002年に脳梗塞を起こし、脳の損傷により半身の自由と言語を奪われました。極度の病院嫌いで、入院させると不自由な体で病院からの脱走を試みるくらいでした（苦笑）。

結局その後、17年の間、一日でも側にいたいという母の献身的な自宅介護で日々を過ごしていました。何度か肺炎で入院するたびに体の筋力が弱まり、いよいよ危ないという時に私は一時帰国し、その日の夕方、自宅で臨終を迎えました。

このように自宅で家族に看取られてあの世に逝かれる方は実際のところ多くはありません。母を見ていて思ったのですが、介護する側の身体的・精神的ストレスはもう本当に並大抵のものではありませんでした。

点滴をつながず、また、危篤となった時でも救急車を呼ばず、本人の希望通り、自宅で最期の時を迎えさせてあげるのであれば、介護者には相当の精神力が試されます。

病院へ行ったところで、点滴し、胃ろうをし、ほんの数日の延命を図るだけで、果たしてそれが父にとって幸せなのかと、私の母も相当に悩んでいました。

愛する人を失うということ……それは死する本人だけでなく、家族や周囲の人々にとっても乗り越えなければならない何かがあります。それは後述しますね。

(3) 病死

現代では病死は一般的です。がん、心疾患、肺炎が三大死因と言われています。これは現代人の食生活や生活習慣に関連していると言われています。合成調味料、遺伝子組み換え食品、化学調味料等の化学物質などの不自然なものを毎日摂取していれば、体のバランスが変化するのは否めません（後述）。また不摂生な生活にも関連しているでしょう。

これはある意味、因果応報というものです。実は、七大綱領の第六綱領「善悪それぞれに報いがある」はこんな場面でも正確に働いているのです。食だけではなく、環境だったり、またストレスも病気の原因となりますが、これらもまた複合的な原因となって、結果（病気）になると言えましょう。

私たちはすべての病気の原因や治療方法を解明しているわけではありませんが、現代医療は非常に発達しており、そしてこれからも発達します。でもそれは三次元の世界に生きる医学分野においてだけの話であり、実は四次元以上の世界には、驚いたことに、難病と呼ばれるものの治療方法の知識があるようですよ。このことについては、スピリチュアル・ヒーリングの項でご説明しましょう。

様々な病気の特効薬や予防ワクチンの開発が、製薬会社とともに進められています。また、霊的な世界を認めない唯物論の医療現場では、死期が近づいても、とにかく一分でも肉体の命をつなぐために、胃ろうを行ったり、副作用の強い抗がん剤治療をしたり、呼吸や血流の確保のために各種チューブでつないだりします。

生への希望や病気の完治を望みつつも、結局最期は痛みの中で亡くなられる方が大勢おられます。

（4）天災・事故死・他殺

天災、事故死、他殺も、この世の中では避けて通れません。

日本各地で起きている地震や台風被害で亡くなる方も少なくありません。最近では真夏の熱中症も自然災害に含まれます。また、歩道を歩いていたり横断歩道を正しく渡っていても、自動車が突っ込んできて事故で亡くなるという痛ましい事件も残念ながらあります。そればかりでなく、私怨で殺害されたり、街角で不特定多数の人を殺傷する事件に巻き込まれる可能性もあります。

過去の戦争の被害者もそうですが、ニューヨークの9・11テロや中東の爆撃の被害者、インドネシアのテロ、チベットやウイグルのジェノサイドも悲劇的です。

突然死を含め、天災、事故死や他殺の場合は、本人が死を自覚しておらず、または納得していません。突然の出来事だったため、いわゆる「成仏」ができておらず、地表圏で迷子になっている霊も多くいます。数からするとかなり少数になってきますが。

遺された家族がこの突然の事件をどう乗り越えるか……、それが彼らの大きなチャレンジにもなっています。

(5) 自殺

自殺はとても重たいテーマですが、ここではスピリチュアリズムの訓《おし》えに沿ってまとめてみます。

そもそもキリスト教やイスラム教では、神から与えられた命を自ら断つことは大罪であり、霊界の暗くて光のない最下層に行かされると言われています。そこで永遠の苦しみを味わうというのです。そのせいか、彼らには自殺者が少ないようです。

反対に、日本の仏教では「死んだら皆が仏になる」と教えますから、年間に約2万人が、楽になると勘違いして安易に自殺してしまうケースもあるようです。

でも、霊界通信で、例えばシルバー・バーチ霊などは、敢然として自殺行為の間違いを諭しています。「自殺しても楽になることなどひとつもありません。かえって苦しみが増すだけです」と。

スピリチュアリズムでは第四綱領で死後も「魂は永遠に存続する」と訓えます。つまり、死んでも私たちの想念はそのままなのです。

ということは、自殺して「自分は無になった」と思っても、依然として魂としての意識があり、記憶もそのままで、そして相変わらず悩みや怒りや心配事が押し寄せてきます。すると、実際には肉体から離れて死んでいるのに「自分はまだ死んでない！」と勘違いするのです。そして「自分は自殺に失敗した！　死ななきゃ」と思い続けます。その結果、日頃から自殺願望があり、そのネガティブなエネルギーをまとって生きている人に引き寄せられます。「類は友を呼ぶ」という波動の法則です。

そして、一部の自殺した魂（自殺霊）は自殺願望者に憑依することにより、その生きている人の身体を乗っ取り、自殺行為へと導きます。例えば自殺で有名な場所に自殺願望を持っている人が行くと、そのエネルギーに引き込まれ自殺してしまうというのもそうした憑依の一例です。

その結果、体を乗っ取られて自殺した人は、これまた同様の自殺霊となってしまい、今度は別の生きている方へ憑依して自殺を試みるという悪循環を起こすのです。もちろん、全部の自殺霊がそうなるとは限りません。ごく一部です。

キリスト教徒・イスラム教徒の自殺霊は永遠の暗黒界に閉じ込められるという説には、私は反対です。

実際に私たちミディアムが実際にミディアムシップをしていると、霊界の最下層にいると思われている自殺した霊が現れることがよくあるからです。麻薬の力で自殺した霊も現れます。その方々は皆、向こうの世界で自分の人生を反省し、そして地上生活時代にいろいろ心配してくれたり世話してくれた現世の人たちに感謝をし、「僕はもう大丈夫！」というメッセージをくれることが多いのです。これは間違いない事実です。ですから私には、彼らが本当に最下層に閉じ込められたままとは到底思えません。

そしてまた、永遠に苦しむという説にも私は違うと思い、そして信じています。なぜなら、霊界に行った彼らにも更生のチャンスは与えられ、魂の学びをさせてもらえるはずだからです。第七綱領「いかなる魂も永遠に向上する機会が与えられている」というのは、肉体があるなしにかかわらず、そして死因が何であれ、私たち魂の存在に平等に与えられている、神の根本的な愛です。実際に、そういった故人とつながっていますから。

もちろん、自殺の動機が利己的か、それとも利他の精神からかによっても罪の度合いが斟酌されます。例えば、家族に看病の苦労をかけて申し訳ないと自殺される場合などです。

でも、看病される側、看病する側にも、お互い生まれる前に約束してきた意味があるのですから、それぞれ感謝しながらいま与えられた環境を精一杯生き抜いてください。また、いまの例に限らず、自殺された人の家族や友人には、非常な悲しみを与え続けるものなのですよ。

霊界に行ってから自分が自殺をしてしまったという間違いにどれだけ早く気づくかです。それによっても苦しみの時間は変わります。その気づきが起きさえしたら、スピリット・ガイドたちからの救いの手が差し伸べられるからです。そのきっかけは、地上に残された家族や友人たちの故人への想いや祈りかもしれません。その祈りが一筋の光となり暗闇にいる故人に届いた時、きっと気づきが起こる、私はそう信じています。

(6) 死後も個性は存続する

　ここまでいろんな死因を見てきました。そして肉体の死後、私たちは〈スピリット・ワールド（霊界）〉に行くことは前述の通りです。では実際、この肉体をなくしたら、その魂はいまの私たちのままであり続けるのでしょうか？

　ミディアムは亡くなった故人の方とつながりメッセージをもらいます。ただ単に亡くなった一般人ではなく、クライアントの近親者・知人で、故人に会いたいと思っている方と、クライアントにメッセージを伝えたいという故人の方とだけをつなげます。故人の方も、地上の愛する人にメッセージを伝えたいのでセッションに来てくださいます。

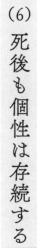

　欧米で主流のエビデンシャル・ミディアムシップ（証拠提示型霊界通信）は、亡くなった故人を特定するために、本人であるという証拠を故人からいただきます。その方の性格や人となり、職業、家族構成、死因、癖、好きな食べ物、そしてクライアントとの共通の思い出等々です。それを故人の方はイキイキと伝えてくださいます。それだけでなく、故人の死後にクライアントに何が起こったかを知っています。

　もちろん、ミディアムはその故人の方を実際には知りませんので、霊の波動・エネルギーを通して伝わってくるものをクライアントにお伝えします。その方が怒りっぽい方だったり、辛抱強い方だったり、また洋裁が得意だったり、アップルパイを焼くのが得意だったり、仕事人間だったり。そして、クライアントが、私の父に間違いない、祖母に間違いない、友人に間違いない、と確信されたら、故人の方からのメッセージをいただきお伝えします。

そうです、ミディアムシップは、肉体を失った後も、個人は個性を持った魂として存在しています。スピリチュアリズム七大綱領の第4番目に、「魂は永遠に存続する（The Continuous Existence of the Human Soul）」とありますが、それはこのことを意味します。

死後10年も20年経っても、死んだ場所が日本であっても、ミディアムシップのセッションが死んだ場所と違う海外であっても、対面であってもビデオ通話のセッションであっても、魂となった存在はその愛する人に会いにきてくれます。物質的肉体をなくしたら、魂は自由に時間と空間を行き来できるといってもいいでしょう。なぜなら、そこには切っても切れない「愛」があるからです。

逆を言えば、私たちが死後、魂の存在になっても、ミディアムを通じて、自身の魂の存在を地上に残された愛する家族や友人に知ってもらうことが可能だということです。そして地上の家族は、亡くなった方の性格や記憶がそのまま残っている魂の存在と、その想いを知ることができます。

世の中にはいろんな霊とつながる方がいます。例えば、ジョン・レノンとか、マイケル・ジャクソンにつながれるなんて方がいたり、また、中にはイエスやブッダといった高級霊とつながる方もいらっしゃいます。問題は、それをどう「証明」するかです。

マイケル・ジャクソンが、自分の近親者に対し、その近親者しか知らない証拠をミディアムに伝えてきたら、そして近親者がその証拠を認めてくれたら、それは本物のマイケル・ジャクソン霊かもしれません。ファンにとって会いたい人であっても、実際に亡くなっているその人と生前の深い関わりがなければ、いくらファンを大切にしていたマイケル・ジャクソンでもミディアムシップのセッションに来てくれません。そこに「愛」があるかは疑問ですね。

イエスの近親者はもうこの世にはいませんので、もちろんそれが本人だという証明はできません。ですから、信じるか信じないかはその人次第です。そもそも高級霊と呼ばれる非常に波動の高い霊との交信が難しいことは前述の通りです。

ミディアムシップによって、亡くなった方が、魂の存在になってもなお生き続けていることを地上に残された愛する人に知ってもらうということは、彼ら故人にとって非常に嬉しいことです。また、地上の人たちにとっても、故人がなお存在して見守ってくれていることを知ることは、同様にとても嬉しく、また故人を失った悲しみも和らぐことでしょう。故人にとっても地上の人にとっても、癒しのセッションになります。

ミディアムシップは、霊界と現世のコミュニケーションをお手伝いする、そんな愛のツールなのです。

(7) 地上への誕生

前述のように、死は良いものではない、不死も良いものではない、そして死しても無にはならない、とするならば、「生」を最善のものにすることを考える、これが最大の「良」ですね。

霊界にいた私たちの魂は、いつから地上に、そしてこの肉体に宿るのでしょうか。

一説には、受胎の時にすでに魂は宿っているという方もいます。また、胎内で、心臓が動いた時から始まるという人もいます。出産を経て、この地上に生まれた時点から始まるという説は少数派です。胎児がお母さんのお腹を蹴った時にはすでに魂が宿っているという人も多いです。高級霊シルバー・バーチは、受精の時から既に魂は地上に存在する、と言っています。

胎児がこの世に生まれてこなかった例として、受精卵がちゃんと着床しなかったケース、母体や胎児や母体に何か問題があり、流産してしまったケース、何らかの理由で堕胎を余儀なくさせられたケース等が挙げられます。

ミディアムシップ（霊界通信）をすると、たまに、流産してこの世に生まれなかった胎児の霊と思われる存在が、ちょっと大きくなった幼児の姿で出てくるケースがあります。そういった胎児の霊は近親者（祖母・母等）の霊とともに現れるケースが多く、その胎児からの情報や感情が伝わってくることは、実は非常に稀なのです。なぜなら、その胎児は地上で学ぶべき言葉や感情の経験が足りなかったからです。その近親者の霊やスピリット・ガイド（指導霊）がその胎児の姿を見せてくれる、とも言われています。

これもケースバイケースでしょう。意志のある胎児が現れてきてくれているかもしれないし、地上の人を癒したいという故人である親戚が、その胎児の姿を見せてくれているかもしれません。

毎回毎回の人生は、それぞれ全く違います。生まれる場所（国、地域等）も違えば、時代も文化も違う。職業も違う。結婚していたり、離婚したり、一生独身だったり、子供がいたり、いなかったり、病気や障害で苦しんだり、自然死や事故死だったりです。良い人生もあれば、次の人生は苦しいものだったり、3歩進んで2歩下がる的なものだったり。

1日24時間に縛られ、移動には車・電車・飛行機などが必要だという、時間的・空間的制限のある物質的な肉体に魂を宿し、物質世界に生き、同様に物質的な様々な人たちと交わり生きることにより、身体的・精神的・感情的経験を経て、長い目で見て魂の霊性が向上できるよう、私たちはプログラムされています。これが、非常に大きな意味での「神の計画」というものです。

高級霊シルバー・バーチは、私たちの住むこの「地球」は、全宇宙から見て2番目に霊性が低いと言っています。つまり、地球自体の波動が他の星に比べて非常に粗いということです。そんな粗い波動の星に、なぜ私たちは生を受けたのでしょうか？

私たちは、今回の人生のテーマを決めて、より良い経験を積むために地上に転生します。でもそうそう上手くいくものではありません。そもそものテーマを覚えていません。産道を通り、地上に誕生をする時に、ほとんどの人は、すべての過去の記憶をなくします。例外的に、胎内記憶を有する子供、前世の記憶を有する子供も存在しますが、それは稀です。そして、自分の意思で、人生の要所要所での選択をしながら、生きていくのです。自分で選んだ新たな環境での地上生活の始まりです。

Tea Break

何がその人にとって人生を「良く」すると思いますか？

哲学には「快楽主義」という言葉があり、本質的に価値のある唯一のものは快感であり、本質的に悪い唯一のものは痛みだと仮定します。これは哲学が生まれた時からの古い概念です。では、ここでいう「快楽」って何でしょう？

身体的な快感だけでないのは明らかです。芸術に触れたり、美しい夕日を見たり、面白い小説や映画を見たりも、ある種の快楽。宇宙の新しい物理現象を解明したとか、新しい元素を発見したとか、または、日頃の生活に全く関係のない、歴史的トリビアを知ったとか、知的好奇心をくすぐる何かに触れることも一つでしょう。友情を育み、語り合い、睦み合い、愛し合うといったことが、全人間が切望する快感かもしれません。

人間は一人で生きているわけではありません。実際の生活は、様々な霊格（人格）を持った人々との、想像していなかったイベントに満ちています。何かが起きるたびに、大なり小なり、行動の選択を迫られます。それが、新たなカルマを作る可能性もあります。行動の選択をする時に、知ってか知らずか、どれだけ「裡なる神」に近いルートを取れるかが、来世につながるポイントとなります。

(8) 魂の本質

《創造エネルギー・通称〈神〉》は、地球に生きる数十億人の一人ひとりに自分の分身を与えました。第一綱領の「神は父である（The Fatherhood of God）」です。

どんな地上の人間にも、例えば先進国に住むビジネスマンにも、アラブの王族にも、インドのスラム街の人々にも、アフリカの原住民にも、すべてに神の一部、「裡なる神」が備わっています。私たち地球に住むものだけでなく、全宇宙の宇宙人にも、「裡なる神」が備わっています。もちろん魂の経験度合いは皆違いますし、その波動も違います。でも一人ひとりに、「神」の本質である「無条件の愛」が、自覚はないかもしれないですが、備わっているのです。

そして私たちは、地上に転生する時に、大きな《創造エネルギー・通称〈神〉》の愛の波動に近づくために「今回の人生でチャレンジすること」を《創造エネルギー・通称〈神〉》と約束して転生してきました。

これはよく、「ハイヤー・セルフ」「インナー・セルフ」が覚えている、という方もいらっしゃいますね。残念ながら、母体の産道を通り地上に誕生した時には、過去生の記憶とともにその約束を忘れてしまいます。でも、実は魂自体はそれを覚えているのです。

実際、私たちは地上で生活し、この肉体という鎧に制限されながらも、現在地上に存在する多くの他の人々の魂に触れ、様々な経験をし、喜びを魂の糧とし、困難を克服していく中で、自分の裡なる神の本質、「無条件の愛」に気づき、それを実行する力を学んでいきます。その「無条件の愛」を実践する方の魂の波動が、《創造エネルギー・通称〈神〉》の波動に近いのは当然と言えます。神に近いとは言っても、地上の人間レベルで考えるとその差は微々たるものですが……。

でも、その魂の波動は、地上で肉体をまとうと、その人の人格となって表れます。肉体がある分、魂そのものの波動よりは下がってしまうのは仕方がないことですね。

霊的波動（霊格）とは、いまの世界での人間の本質的な思考と実践（人格）と考えられます。人格が上がるということは、そういう無私の愛の行動により自身の波動が上がること、そして霊界に行ったらそれなりの層、つまりその波動に見合った層に落ち着くということです。何かしらの愛の行動がないと、波動も上がらないのです。物質という低い波動のクリスタルを身につけたり、自分のスキルアップを図るためのセミナーでは、魂の本質の波動は上がらないのです。

無私の愛、それは、宇宙の、神の法則を実践することです。その宇宙の叡智、神の叡智、すなわち「霊的真理に対する正しい判断」を持つということ、そして、正しい動機を持ち、それを実践することです。実は、それしか魂の波動を上げることはできません。

叡智という言葉には、男女間の最も崇高な愛、知的な愛、共感、信念、そして洞察力が含まれます。そして魂は絶えず進歩し続けます。

「叡智はあらゆる場合に、愛に形と生命とを与える光であり、その隠された秘密の根源であり、人を上方へ進歩させる、つまりは心霊に進化をもたらす力のことである」と言われています。宇宙の叡智に触れることのできる私たちは、素晴らしい可能性を持っていると感じませんか？

自分が肉体を離れても霊であるということに気づき（Spiritual Awareness　霊性開花）、いまの自分に課された人生に向き合い、そして無条件の愛を少しでも実現すること、それが唯一の霊格を上げる方法なのです。

でも問題は、どうやって「無条件の愛」を実現するのか、「裡なる神」に近づくか、です。

スピリチュアリズムの第七綱領に「いかなる魂も永遠に向上する機会が与えられている（Eternal Progress Open to Every Human Soul)」とあります。そう、過去生、現世を超えて、私たちの魂の永遠の旅路はいま、どう「裡なる神」に近づくか、の勉強の最中なのです。その進化への道は常に開かれているので、あとは自分次第ということです。

実は第五綱領にある通り「自己責任（Personal Responsibility）」で自分の行動を選ぶということです。

霊的波動、つまり地上での人格を上げる方法は、人それぞれです。美しい波動を五感で感じ、それを継続して経験し、それを自分の魂の中に落とし込む方もいれば、奉仕活動をする方もいます。こういうスピリチュアリズムの哲学の理論から入る方もいます。イエスもブッダも、マザー・テレサも、「スピリチュアリズム」というまとまった概念を勉強していませんが、でも実は、その「無条件の愛」の一つひとつを理解し、実践しています。

「神」の波動の域に到達するには、あと何百回、何千回もの輪廻転生を繰り返さなければできないことを、そして地上に輪廻転生をしなくなっても永遠に学び続けなければならないことを考えると、この世で何かを買ったり何かのワークショップに出たりして、物理的・肉体的にたった0・0000001％の霊格を上げることに注力する意味もないでしょう。霊性・霊格は、後からついてくるものです。霊的波動を上げるということは、「裡なる神」に近づくということなのです。

霊格を上げたいがための行動は、その「**動機**」が違います。それは、何らかの利他的でなく利己的な「欲」が働いている証拠です。実はそういった「不純」な動機は、霊性・霊格の進化の妨げになり、また、新たな「業（カルマ）」を作ることになります

ポイントは、どう「行動」するかです。純粋な「**動機**」を持ち、人のためにどう「**無条件の愛**」を「**実践**」するか、どう「裡なる神」に近づくかです。

Tea Break

世の中には、様々なヒーリング手法があり、私たちの肉体・精神の波動を一時的にも調整してくれます。なんと、霊性を上げる、霊的波動を上げることを目的としたセミナーや講座、各種手法まで存在します。

たくさんのクリスタルの波動を感じて、あるいは、素晴らしい香りを嗅いで、ヒーリングの音を聞いて、ああ、いい気分になった、と思っても、翌日には、家族に対するイライラや、仕事や人間関係でガサガサした気分に戻ってしまうかもしれません。それは霊的波動を上げたことになりません。感じるだけ、いい気分になるだけでは、不足なのです。その受け取った波動を、どう自分の魂に生かすか、そこから自分が「どう行動するか」が、ポイントになります。

ちなみに私も各種ヒーリング手法を学んできました。その時その時の自分に必要な癒しだったなと感じています。素晴らしい先生も大勢います。様々なヒーリング手法により、自分の気分が穏やかになり、安定してくれれば、もちろん他人に優しくなれたりもできます。それにより、愛ある生活を実践できるようになるのなら、その手法は自分にあった霊性開花の方法であるとも言えます。

第8章

宇宙の法則

霊的な存在でもある私たちは、過去に多くの生や死を経験しています。その生死を、終わりの見えないこの地上人生を繰り返すのには理由があります。

私たちは、自分が霊的存在であり、自分の中に神性、すなわち「裡なる神」、愛の存在があります。そして肉体の死後も魂は記憶を持って生き続けます。

この世に生を受けた私たちは、それぞれ何かしらのテーマを持っています。それは一つとは限らず、人により、大小合わせて何十も何百もあるかもしれません。ほとんどの人がそれに気づくことのないままに日々を暮らしています。

《創造エネルギー・通称〈神〉》の無条件の愛に気づき、正しい「動機」を持って「実践」するために、実は「神の法則（Divine Rule）」と呼ばれるものがあります。

霊的真理、宇宙の法則、その他いろいろな名称で呼ばれているかもしれません。それは、因果律、自己責任、カルマ、輪廻転生、波動の引き寄せ等。すべて聞いたことがあるはずです。この章では、これを「神の法則」に照らしてご説明します。

（1）因果律の法則

スピリチュアリズム七大綱領の第6番目に、「地上で行ったことには、善悪それぞれに報いがある（Compensation and Retribution Hereafter for all the Good and Evil Deeds done on Earth)」とあります。
つまり、因果律の法則です。

因果律の法則とは「物事には原因があって、結果がある」ということです。
これは物理現象にも当然に当てはまります。物を押したら、一般的には、押された物はその方向に移動します。押す、という原因があって、移動するという結果があります。化学的にも、例えば二酸化炭素、水と太陽光で光合成することによっても酸素が発生します。これも、原因行動と結果です。

原因と結果は、物理現象の世界だけでなく、私たちの感情、そして世界情勢にまでにも関連します。私たちの不用意に放った一言が原因となって相手の感情を傷つけ、その結果、友人関係が破綻する場合もあります。国際情勢に関しても、ある国の言動がきっかけで別の国の軍事行動を引き起こすことがあります。

古代ギリシャのアリストテレスの時代から、因果関係については哲学上のテーマとして議論されてきました。仏教では、因果応報とも言います。善因は善果・楽果を生み、悪因は悪果・苦果を生むとされ、これが「業（カルマ）」につながります。

ここでは、私たちの行いについての魂の因果律を述べます。
法治国家では、罪を犯せば民事・刑事で罰せられると同時に、実はその人や相手の魂にも傷がつきます。法律に反しなくとも、人の心を傷つければ、魂に何らかの報いがあります。「神の法則」「**無条件の愛**」に反していればなおさらです。本人には自覚はないかもしれませんが、その言動が、自分の魂の質、霊性に影響することになり、死後、霊界に行った時の霊格を左右します。実は、単なる行動の結果を見るのではなく、傷つける側の「**動機**」を見なければなりません。こちらの勝手で、相手を傷つけたのであれば、実は自分の魂をも傷つけることになり、自分の魂の成長を妨げます。

極端ですが、例を挙げましょう。

戦争中、ある兵士が敵と対峙しました。撃たなければ、自分がやられる、そして味方がやられる、そういう状況でした。そして、敵を殺してしまいました。兵士は、自分が殺人を犯したことについて、悩み、悔やみました。

またある人は、財政的に困窮していました。家族を救うためには、自分が死んで、その保険金を家族に残してあげる以外に道はないと考え、自殺を図りました（そういう保険があると仮定してください）。

いまの例に挙げた殺人や自殺は、確かに神の意図に反していますが、その動機が、「他者を救う」といった利他の想い（「利他主義」「他者愛」）からなのであれば、「神」はその意図を斟酌してくださるとは言われています。

ひょっとしたら、自分のエゴでその行動を起こした人よりも、霊性は若干上がるかもしれませんね。でも、同時に、それ以外にも善き方法がないかとよく考えてごらんなさい、と霊界通信では諭しています。

逆に善業を行えば、つまりその無条件の愛の小さな行動の一つひとつが、魂の光の糧になります。肉体のある私たちには気づけないのですが、魂の輝きが増します。

道に迷っている人がいたら声をかけて助けてあげる、算数ができないお友だちに問題の解き方を教えてあげる、悲しみに打ちひしがれている人にいたわりの言葉をかけてあげる、そんな小さなことも、無条件の愛の実行です。それを行うことにより、自分の心が温かくなることを感じるでしょう。それが、善業のご褒美と言ってもいいでしょう。

ただ、注意しなければいけないことがあります。その善業も「動機」が間違っていたら、逆に大変なことになります。例えば、災害地に何億円も寄付したことを公表する人がおられます。公表をしない人も大勢いる中で、その人が公表する動機は何でしょうか？　売名行為のため、自己満足のため、霊格を上げたいため、それとも世間への啓蒙のためでしょうか。

いずれにしても、その動機は「**他者愛**」、つまり純粋に人のためであり見返りを求めない、無条件の愛でなされる行為でなければなりません。他人のためと謳った行為も、実は自分の得になるためといった、隠れた「利己」の動機である場合があります。動機が間違っていたら、新たな業（カルマ）を作ってしまいますね。

(2) 自由意志の法則

スピリチュアリズム七大綱領の第5番目の「自分の行動には責任が生じる（Personal Responsibility）」は、非常にわかりやすいものです。まさに書いてある通りです。当たり前と思っている方も多いですね。でも、魂の向上という観点から見ると、これが実は非常に難しいものなのです。

人には「**自由意志**（**Free Will**）」が与えられており、それぞれ自分の行動を決定できます。その自由意志とは何か？　それは日常の小さな意思決定から、人生の大きな意思決定まで、すべてを含みます。

実は私たちは、毎日小さな意思決定の積み重ねで生きてきているのです。例えば、朝6時に起きようと目覚ましをかける、でも目覚ましが鳴ってもあと10分寝たい……。朝ごはんは今日はパンにしよう……。お母さんが作ってくれた朝ごはんは今日はパスしよう……。

これだけでも、すべて自由意志の表れです。

もう少し大きな意思決定を見てみましょう。私たちは生きていると、どの学校に入るかとかもそうですし、就職先を探したり、転職したり、恋愛・結婚するとか、子供を産むとか、不動産を買ったりと、いろいろと大きな意思決定を下さなければならない場面に出会います。その時に自分でいろいろ考え、何が自分に相応しいかを検討し、結論を出し実行に移せる人は、まず問題はありません。もちろん、すべてにおいて動機は肝心ですが……。

でも、中には自分で決められない方がいます。すると、洋の東西を問わず、ありとあらゆる占い関連本が書店に多く並んでいますから、そんな雑誌の占いを参考にします。また、本格的に占い師や霊能者のところに行って、彼らにどうしたらいいかを尋ね、そしてその通りに行動する方もいますね。

占い師や霊能者の意見を参考にし、その通りに実行するということ自体が「自由意志」の発動だとその方が認識しているのであれば、自己責任を間違って理解していることになります。「霊能者さんがこう言ったから」とか、「占い師が将来こっちがいいと言ったから」と、その行動と結果を第三者のせいにするのは、全くの責任転嫁です。この違い、わかりますよね。

オーラの中にはその人の生き様、考え、感情、すべての情報が入っていることはお伝えしました。過去の出来事だけでなく、その人のいまや将来の願望ももちろん入っています。良い占い師や霊能者の多くは、サイキック・リーディングを通してそのオーラの波動の情報に容易にアクセスができます。つまり、その人が望む答えを出すことができます。ひょっとしたらその人が想像する近い将来の映像を観る人がいるかもしれません。

でもそれは、リーディングした時点での一つの未来の可能性にすぎず、毎日の様々な自由意志による選択の積み重ねで、将来は別なものになる可能性も非常に大きいのです。それなのに、当たった外れたと、一喜一憂するのも困ったものですね。

こうした傾向は、占い師・霊能者だけでなく、特定の宗教にも当てはまります。「教祖がこうしろと言ったから」、あるいは「教義ではこうすべきと書いてあるから」と言われてその通りに行動して、その結果失敗して苦しんでいる方を何人も見てきています。

また、他人にこうした助言をする人、人に命令をする人は、相手を依存させてしまう可能性があります。そういうことを職業としているのであれば、お客様を失いたくないという心理も働き、共依存になってしまう可能性もあります。そしてその人の自由意志を奪い、その人の人生の選択における自己責任という、魂の成長のツールを奪ってしまいます。他の人の魂の成長を妨げるとは、なんと罪が重いことでしょうか。

高級霊シルバー・バーチは、60年にもわたる交霊会で愛あるメッセージを伝える一方で、決して地上での名前を明かしませんでした。これは、誰某が言ったからその通りに行動するのではなく、メッセージの内容そのものを自分で理解した上で信じ、それを自己責任を持って行動に移してほしいといった意図です。

霊界は私たちの自由意志を尊重します。ですから、自分の理性が受け入れるものだけを行動に移して、生きていくのです。すべては自己責任と心得て、この地上人生を生きるのです。時には失敗することもあるかもしれませんが、それも魂の学びとしてほしいと願っておられます。

もしも、どうしても自分の意志で決められない方はどうぞリラックスして、自分の魂が何を求めているのか、瞑想とともにご自身のスピリット・ガイドにお願いしてみましょう。

(3) 業（カルマ）の法則

もう一度、スピリチュアリズムの七大綱領の第6番目「地上で行ったことには、善悪それぞれに報いがある（Compensation and Retribution Hereafter for all the Good and Evil Deeds done on Earth）」を思い出してみましょう。

仏教でも因果応報という考えがありますね。過去生においてその因果律は、「業（カルマ）」となって、私たちの目の前に顕れ、チャレンジや試練として向き合わされます。

一度きりの人生だから、楽しまなきゃ！
山あり谷ありの人生だけど、死ぬ時にはプラスマイナス、ゼロ！
どうせ死んだら全部チャラになるのだから、いま死んでも同じこと！

実際そう考えている方は非常に多いものです。でも「死んで体がなくなったら、それで終わり」という唯物論的考えは間違っていることはもうおわかりですね。死んでも魂が生き残っていることを知っていたら、そして、死んだ先も永い時間をかけて魂の修行をしていくことを考えたら、こんな発想にはならないはずですね。

私たちは意味があって、この地上で生きています。それぞれ、多くのテーマを持って、生まれてきています。

残念ながら、過去生でやり残したことや失敗したことをいまでも覚えている人はほぼいません。今世でいろいろな経験をしていくうちに、困難に直面することも少なからずあるでしょう。それが、過去生でやり残してきて、今世で解消すべき「業（カルマ）」と呼ばれるものかもしれません。

例えば、私たちは生きている中で、なぜだか同じパターンの過ちを繰り返したり、いつも人間関係を築くのが困難だったり、何かとトラブルが多かったり、病気を繰り返したりと、大きなものから些細なことまで様々あります。実際のところ、「何がカルマか」は地上にいる間は、はっきりしないことが多いでしょう。そもそもカルマというものの存在を知らずに地上の生涯を終える方がほとんどです。それは、肉体を卒業し、霊界に行ったのち、答え合わせをするのです。

また、目の前にある困難やトラブルの対処の仕方を誤ったために、新たな「業（カルマ）」を作ってしまう可能性もあります。

実は、こういった困難な出来事は、すべて私たちに課されたチャレンジであり、いまの魂の成長のきっかけになるものです。必要だから私たちの目の前に現れるのです。ですから、自分自身でその問題に気づき、解決しなければなりません。

原因があって、結果がある。過去の原因によってカルマが作られ、現在、私たちはそれに直面している。そういうことなのです。それに立ち向かい、解消し、成長していく、これが、スピリチュアリズム七大綱領の第7番目「いかなる魂も永遠に向上する機会が与えられている（Eternal Progress Open to Every Human Soul）」ということです。

「ちょっと待って！　過去生なんて覚えてないし、何が原因だかわからないのに、どうしたらいいの？」とおっしゃいますか？

もちろん、そう思われる方がほとんどかと思います。前世療法（ヒプノセラピー、Past Life Regression）のセッションに行って、前世に、過去に、何が起こったかを自ら体験しにいく方もいらっしゃいます。私ももちろん行ったことがあります。また、過去生を見る霊能者や占い師のところに行って話を聞く方もいます。もちろん、私はこれも経験済みです。何れにせよ、そこで得られた情報が真実かを証明する方法はなく、クライアント自身がその過去生の情報をどれだけ納得して受け取れるか、その主観的判断に頼るほかありません。

過去生に何を引き起こし、何が現在のカルマになっているか、はっきりわかる手段もありませんし、原因は常に複合的です。でも、一歩引いて考えてみてください。なぜその過去生の情報が知りたいのでしょう。そしてそれをどう活かしましょうか？

例えば、現在の生活で、配偶者のＤＶ（家庭内暴力）で悩んでいる方がいるとします。過去生を見てみると、その時代、配偶者は自分の子供であり、自分は親として、その子供を毎日虐待していました。そのツケが生まれ変わった現代でカルマの解消として起きていることもあるのです。その原因を知って満足しましたか？

　また別の例ですが、その昔、砂漠で行き倒れ、ほぼ死にそうになっていた時に、通りすがりの人が水を分けてくれて命が救われました。現世でその人は、助けてくれた人の子供として生まれ変わり、現在、その病床の母を心から看病しているのです。その原因を知って満足しましたか？

　過去を知ることで、現在置かれている自分の状況の理由を知り、そのカルマを知るだけではなく、現在の状況の意味を理解して「ああ、やっぱりカルマなんだ……」と諦めるのではなく、前向きに問題解決に取り組み、生きる活力となるのであれば、この過去生を知る価値があります。

　なぜならば、理由があって私たちは地上生活に戻っています。そして過去の積み残し、やり残したことを、実現し解消しに来ているからです。

　実は現在直面している困難は、いまのこの現実の地上人生での何らかの原因に関連している場合がほとんどです。

　例えば、自分の考えや行動の癖、人に対する対応の仕方にパターンを探してみてください。人間関係に困っている人や、いつも不運がつきまとうと思っている人には、何らかのきっかけの事件があったり、パターンがあったりします。また、病気で困っている方は、生活習慣・食習慣もそうですが、考え方や感情が病気を引き起こしている可能性もあり、その原因は複合的であったりします。過去に何か問題があったとしてそれを解決しに地上に戻ってきたとしても、地上人生でも原因があってその結果としての問題があります。因果律の法則はここでも正確に働いているのですね。

過去のカルマ（業）を知ったとしても、現実の世界にもその原因があります。

それに気づくきっかけは、人それぞれ違います。日々の家族や友人との対話だったり、スピリチュアルなセミナーや本、尊敬できる方のアドバイスもそうかもしれません。その人に合った「きっかけ」が必ず用意されています。そして、自分で、または家族や友人・知り合いの力を借り、解決し乗り越えていくのです。気づくも気づかないも、やるもやらないも、自分次第ですよ。

魂の最終的なゴールは「神」の境地、すなわち、「無条件の愛の実現」となります。その域に達すると、もう地上経験から学ぶ必要がなくなるので、地上への転生は終了します。そこに至るまで、果たしてこれから何回、輪廻転生しなければならないのか、正に「旅路はるかなり」ですね。もちろん、霊界でも魂の学びは続きます。

（4）無条件の愛

まず〈宇宙の創造主・神〉が全宇宙の私たちに与えてくれた「無条件の愛」の逆の概念は何でしょう？　それは「利己主義（エゴイズム）」です。「物質主義（マテリアリズム）」も同様だと考えられています。

欧米においては、産業革命が起こって以降、日々の生活が便利になり、物がたやすく手に入るようになりました。そのうち、いまでもそうですが、ほぼすべての「作業」というものがＡＩにとって代わられるでしょう。また、貨幣経済の発達により資本主義が生まれ、世の中の価値が「金銭」という基準で測られるようにもなりました。モノや便利さを貨幣で買う、買えば買うほど豊かになり、そしてそれが個人を測る新たな指標となっています。

そうなってくると、皆、豊かで良い人生を送りたいと思います。そのために、金銭的に、またそうなるようにいろんな運が良くなりたいという人は多いのです。では、何と比べて、それが「良い」のでしょう。

自分が人より、そしていまより良い状態になることが、「運が良い」というのであれば、すべて納得いきます。それは、常に他人と自分を比較しているからです。

思考の軸が知らず知らずに「他人との比較」に設定されていて、また自分の理想とする運の良い他人をみると、羨ましかったり、妬ましかったりします。自分に向き合い、打開しなければならない問題があるのに、何かを見失っている状態です。スピリチュアリズムとはまるで反対の、マテリアリズム（物質主義）・エゴイズム（利己主義・個人主義）に陥っています。利己主義・個人主義にならざるを得ない西洋資本主義の術中にはまっていると言えましょう。

でもこの世に転生している人に、エゴのない人はいません。エゴがなかったら、そもそも地上での人生経験をする意味はもうないし、なぜなら神の域に近づいている人だからです。そうは言っても、私もめちゃくちゃ物質的な地上的な仕事をしながらこの活動をしています。

ということは、いまある問題に真摯に取り組む、そして小さなこと一つでも無償の愛を実現する、それが現世に生きる意味になってきます。それが、自然と自分の人格・霊格を上げることになるのです。

逆に、「無条件の愛」とは何でしょうか。

親切心であれこれお世話することが、無条件の愛とは限りません。誰にでも親切にするというのも違います。親切の押し売りは、ある意味自己実現の表れであり、自己満足に通じます。最終的には、「こんなにしてあげたのに」という憤りの気持ち、エゴが出てくるかもしれませんね。

相手のことを想い行動をする。あるいは行動をしないという選択をする。常に相手の霊性の成長を見守り、必要とあれば手助けする。

それがカルマの解消につながります。でも本当に解消されたかは、死んで霊界に行ってみないとわからないことです。残念ながら、結果はお預けなのですが、焦らず、長い目で見て、コツコツと毎日を過ごされるといいと思います。

世界中の人々が皆このようなマインドを持って、お互い助け・助けられる世界は、ある意味、神の求める世界に近いと言えるでしょう。

※霊性の高さ

「私は霊性が高い」とか、「私は霊格が高い」とか言う人もいますが、とんでもないことです。何と比較して、高いと言っているのでしょう。

そもそも自分でそう言う方に、霊性の高い方はいません。霊性が高いほど、「神」の偉大さ、宇宙の大きさ、自分の非力さ、無償の愛の達成の難しさを知っており、自分に謙虚になれるからです。これは、高級霊シルバー・バーチも言っていることです。

私が無償の愛を提供するのは霊格を上げるためだ、と心に思っている方も、まず間違いなく利己主義の表れです。動機が間違っています。その動機を持って行動を起こせば、おそらくカルマを作ってしまうでしょう。

この世に霊性・霊格を測れる技術はありません。以前、霊性の波動の周波数を測れるという人の話を聞いたことがあります。その人は、人の波動を見て、「あなたは500ヘルツだからまだまだだね」とか、「あなたは1000ヘルツを超えているので、僕と一緒で素晴らしい波動の持ち主だ」などとそう言って人を格付けします。

問題は、まずは、霊格を科学的に測れる技術をいまの人間は持っていないということ、そして、それにもかかわらず、人を格付けし、マウンティングするということです。自分の霊格は、この肉体の生活を全うし、霊界に行った時にわかります。自分で高いと思っていた人は案外低いはずですよ。

ではなぜ、波動を上げたいのでしょう？　他者に自慢したいため？　自己実現、自己満足のため？　未知なる世界を試したいため？　その動機は何でしょう？

もしかして、その動機に利己主義が入っていませんか？　よく考えてみてください。

（5）輪廻転生の意味

スピリチュアリズムの七大綱領の第7番目は「いかなる魂も永遠に向上する機会が与えられている（Eternal Progress Open to Every Human Soul）」です。

私たちの地上人生はすべて魂の霊的成長のためです。地上人生を物質的に豊かにするためではありません。私たちに備わる神性すなわち「裡なる神」に気づくためであり、無条件の愛を実現するためです。それはそれは永い道のりです。地上人生だけで終わらない、そう、永遠の旅路なのです。

肉体を失っても魂は存在し続けることは、ミディアムシップのセッションで証明できます。七大綱領の第4番目「魂は永遠に存続する（Continuous existence of the Human Soul）」です。ミディアムは、亡きご両親や祖父母の方、友人の霊とコンタクトを取り、その方が霊界に行ってもまだ健在である証拠を示してくれます。そしていつか、私たちも地上の肉体をなくしたら、同じように魂の存在となって〈スピリット・ワールド（霊界）〉に行きます。

では、「永遠に向上する」、そして「その機会が与えられている」とはどういうことでしょうか。これは自己責任やカルマにも関連してくることは前述しました。

残念ながら、英国のスピリチュアリスト・チャーチでは、地上への輪廻転生を積極的に肯定していません。なぜならば、〈スピリット・ワールド（霊界）〉に行ったらそれっきり、地上に戻ってこないかもしれないし、輪廻転生は証明しきれないからです。

私たちが死んで、そしてまた将来地上に戻ってくることは、いま生きている段階では証明のしようがありませんね。もちろん、欧米ではキリスト教系の教えが浸透しているので、天国に行ったきり戻ってこないという教義上の考え方がベースにあるかもしれません。

では、その肉体をなくした霊は、どうやって〈スピリット・ワールド（霊界）〉で進化していくのでしょうか。

〈スピリット・ワールド（霊界）〉でも、私たちは仕事を持つことは前述しました。最近亡くなった人は、電車の運転手だったり、会社員で通勤していたり、音楽家だったり、何らかの社会貢献、否、〈スピリット・ワールド（霊界）〉貢献を、その人のいる〈スピリット・ワールド（霊界）〉の層のレベルで行います。

自分が魂の存在であったり、魂として勉強しなければならないことに気づけていない低級霊の行く層は別ですが、一般的に私たちの両親・祖父母や知人、友人が行く層は非常に平和で、ある意味、そんなにストレスがかからない世界なのです。肉体がない分、病気や怪我などの痛みや心配がないから、その分、ストレスは減りますね。でもそんな平和な世界で「魂の進化」をしようと思っても、そのスピードは極めて遅いことになります。ですから、その〈スピリット・ワールド（霊界）〉での緩い生活の中で、「あ、自分はこういった経験が必要だ、このカルマにまた挑戦すべきだ」

と思ったら、ストレスの多い肉体に戻り、また地上生活を体験しながら、自分の魂を進化成長させるのです。神の一分身としての資質を蓄積・向上させるのです。

私たちはそうやって地上に戻り、輪廻転生をして、いま、ここにいます。もちろん、簡単に証明はできません。

前世がどこの国の誰それであり、どのようなカルマがあって、それを解消しに、もう一回地上に来ました！　なんてことは誰もわかりませんし、証明できません。

この物質的肉体を持ち、物質的社会に戻るということは、魂という物質的身体もない自由な世界よりも、より制限のある世界に戻るということです。そこは、いわゆるストレス社会です。試練に立ち向かって生きるということは、ストレスの少ない〈スピリット・ワールド（霊界）〉よりも、経験値を多く積めるということです。早くに成長できるということです。

地上に戻るも戻らないも、私たちの「**自由意志**」の表れです。ここでも宇宙の真理が働きます。もしその層で満足して、二度と地上に戻りたくないのであれば、そういう選択ももちろん可能でしょう。でも〈スピリット・ワールド（霊界）〉は、私たちにチャンスを与えてくれます。もっと霊的に進化するチャンスです。もしそのチャンスを活かしたいのであれば、地上に戻るという選択肢を選ぶでしょう。それもまた「**自由意志**」です。その選択に対して〈スピリット・ワールド（霊界）〉が、ノーと言うはずはありません。

経験値の少ない魂は、より頻繁にこの地上に再生します。経験値が多く、霊性の高くなった魂は、地上での経験の必要性がそれほど高くないため、再生のスパンは永いとも言われています。いずれにしても、過去の魂の経験があるからこそ、いまの私たちがあります。そしてそれを踏まえて、新たな経験をしに地上にまた生まれてくるのです。もちろん、回数を重ねているとそれだけ経験値も上がっているはずです。

カルマは解消しなければならないのは事実です。ですから、現在の不幸な出来事を、遠くてはっきりとわからない過去のせいにするのではなく、いまできることを考え、行動していくことが大事です。ここでも、「**動機**」と「**実践**」が問われます。

宇宙的に見た魂の成長は、日々の一つひとつの出来事に真摯に向き合うことによって実現されます。本当に地味な作業です。残念ながら、それ以外に近道はありません。遠回りしているように思えても、実はそれが一番の近道なのです。そしてそれを私たちのスピリット・ガイドは愛を持って見守ってくれています。

人間の魂は、輪廻転生し、過去生があって、現世があります。そして、将来、必要があればまた生まれ変わるのです。そうやって、人間界の進化を終えても、その先も魂は永遠に進化し続けるのです。

※過去生
私たちは死してもその魂は存続しています。またそれを信じる一部の人だけでなく、ほとんどの人たちが、

前世があると考えています。輪廻転生をして、いま、私たちはここにいます。人間の魂は、輪廻転生するから、過去生があって、現世があります。そして、将来、必要があればまた生まれ変わるのです。

私の話になりますが、自分自身が何を求めているかもわからず、スピリチュアルと名のつく講座を手当たり次第に受講（スピリチュアル・ジプシー）していた頃、ペンデュラムを使って魂の求めるものや過去・現在・未来を鑑定する講座を受けたことがあります。その先生に輪廻転生の回数を見てもらいましたが、私はこの宇宙で約７０００回、この地球では70回しましたが、そのうち「先生」的役割を持って生まれたのが十数回ある、とのことでした。

本当ですかね？　１３８億年もあるこの宇宙の歴史の中で７０００回はまあまあかな、とも思ったり、それでも「まだ宇宙で最悪から2つ目の星で修行しなければならないんだ」と思ったりしたらとても複雑でした。いずれにしても、それを証明する方法はもちろんありません。

ヒプノセラピー（催眠療法）の一種の「前世療法（Past Life Regression）」において、前世の記憶にアクセスすることも可能と言われています。この手法は、催眠状態のクライアントの潜在意識に眠っている現在の問題（トラウマ等）に関連する過去の記憶にアクセスする、心理療法・カウンセリング手法の一つです。

実際、催眠中に、現在の問題を引き起こす原因となった、前世に見たり感じたりしたものを、もう一度体験することがあります。創始者のブライアン・ワイス博士は、ここで見たもの・感じたもののおそらく80％は、本当に前世の記憶に起因するものである（残りは、想像、妄想、ファンタジー）が、実際のクライアントは「前世ではなかったと自信を持って否定できないが、肯定もできない」と言っています。クライアントとしては、現状の問題の原因が判明したことで心が楽になるという効果もあり、心理療法としてはある程度認識されていますが、その記憶が再トラウマ化されないよう、きちんとトレーニングを受けたセラピストから受ける必要があると思っています。

また、世の中には人間の「アカシックレコード（宇宙のマクロ的、ミクロ的なすべての記録）」にアクセスして、人の前世を伝える人、そして「ブループリント（人生の設計図）」を読みその人の未来（地上的?）を伝える人もいます。治療家であったエドガー・ケイシーは、自身の変性意識状態中に患者のアカシックレコードにアクセスし、その治療方法を指示したと言われています。それだけに終わらず、晩年には過去生の経緯や過去生を含む人生全体の相談（ライフ・リーディング）に応じるようになり、支持をされました。その後、アメリカにおけるニューエイジ運動を通じ、チャネリングをして過去生にアクセスするチャネラーも増えました。過去生といっても、証明する手段はありませんので、信じるも信じないも、クライアント次第です。

占い師がタロットカードやその他の手法を用い、過去や未来をリーディングするケースがあります。また、一部のミディアムはクライアントの過去生についてリーディングをする場合があります。昔は修道女だったとか、巫女だったとか、修行僧だったとか、犯罪者で親を殺したことがあるとか、火あぶりになったとか、溺れて死んだとか、レムリアやアトランティスに住んでいたとか、中世の騎士だったとか、近代の科学者だったとか、ネイティブ・アメリカンだったとか、あるいは、シリウス人だったとか、プレアデス星人だったとかです。これらは、サイキック・リーディング（後述）といい、オーラから情報を取っています。

いずれにせよ、この情報を科学的に客観的に証明する方法はなく、クライアント自身がその過去生の情報をどれだけ納得して受け取れるか、その主観的判断に頼るほかありません。

また、「私はヨーロッパのお姫様だったの」とか、「私は誰某の生まれ変わり」と自分で言っている人はいますが、前述の通り、証明できるものではありません。それを言うことにより優越感に浸っているのかもしれませんね。そのために過去生を知りたいというのであれば、どこか間違っています。何をやるにも、その「動機」が大切になってきます。

(6) 波動の法則と引き寄せ

数年前、『ザ・シークレット』という本が大流行しました。「引き寄せの法則（Rules of Attraction）」で、思考がいろんなものを引き寄せることができるとし、量子物理学的説明がなされています。つまり、波動が同じ波動を引き寄せる「波動の共鳴」というものです。この引き寄せの法則は、おそらく皆さんがとても興味を持っている言葉だと思います。

でもあなたはいったい何を引き寄せたいのですか。

何かより「良い」ものを引き寄せたいのでしょうか。「良い」「悪い」の基準は何ですか。それは、他人ですか。自分の現状ですか。その基準は何でしょうか。その動機は何ですか。

人間は波動の存在であると、いろいろな観点からご説明しました。

「波動共鳴」は、ある波動の人が同じ波動の人を引き寄せる、つまり「類は友を呼ぶ」という原則があります。世の中には、引き寄せの法則を利用し、理想とする自分になれるようなセミナーや講座（それも高額）が多く存在します。自分の思考が変わると自分の波動が変わり、自ずと人間関係も変わってきます。これは事実です。同じ波動が呼び合うのですから……。

良い金運や仕事運が欲しいと思う人は、たくさんのお金を、比較的に楽して手に入れる方法を考えるでしょう。金銭は昔から、労働の対価と言われています。その労働が、比較的に楽であったり、楽しかったりして、それでいてお金が十分入るようであれば、これ以上嬉しいことはありません。最近の子供たちはYouTuberが人気職種のトップテン入りしたりしています。楽しくて簡単に見えるのかもしれませんね。

「ビジネスで成功する」と「お金」が入り、「楽な暮らしができる・贅沢な暮らしができる・有名になれる」、そして「もっとお金が入って循環する」、そして「もっとビジネスで成功する」、そんな構図を描いている方も多いのでしょう。

良い恋愛運・結婚運を求める人は、自分を磨き、魅力的になれば、「高学歴・高収入の人と出会う」ことができ、「幸せな結婚をし、金銭的に安定した・豊かな暮らしができる」ことを目指している人も少なからずいます。「小学校のママ友よりも綺麗に着飾りたい」とか、「良いブランド物のバッグを持ちたい」とか、「都心に近い一戸建てや高級マンションを買ってくれる人に会いたい」などと、そんな野望もあるのかもしれません。

それらは非常に物質主義（マテリアリズム）的なのはおわかりですか？　そう、「魂の成長」とは方向性が真逆です。

また、良い人間関係を求める人は、同じような考え方で同じような行動をする友人に恵まれ、尊敬する上司、そして慕ってくれる部下を持ち、ストレスのない平和な毎日を過ごしたい、そう思っていることでしょう。良い家庭運を願う人も同じようなものです。ご主人や奥様が、同じような考えを持ち、ご主人は十分なお金を稼いできて、金銭的にも余裕があり、海外旅行にも行け、子供たちは素直で一生懸命勉学に励んでくれて……。

人はそれぞれ、なぜそれが欲しいのか、と望むものに対する「動機」は違いますし、それを挙げたらきりがありませんが、最終ゴールは、現実の暮らしが良くなる、つまり物質世界での「運」が良くなることに注目しているのがほとんどです。最近では、「人間性を上げる」という精神性な要素も、その最終ゴールの前の必要条件として加えられているものもあります。

繰り返しますが、物質世界で得られたこと、お金や不動産や名誉などは、死後の世界には持っていけません。自分の人間性を上げる、つまり人格・霊格を上げる、「魂の成長」をさせるという動機なのであれば、それもエゴの表れと考えてもいいでしょう。

これまでのお話を思い出してください。こういった運の波動を上げることは、その人の霊体、つまりそのオーラの真の部分の波動を上げることになるのでしょうか？　霊性を上げるということは、どのくらい重要なことなのでしょう。

ちょっと視点を変えてみますね。

スピリチュアリズムを学び、自分の魂の存在に気づき、それを向上させようと「無条件の愛」の実践が大事だと思い実行しようとされる方々の引き寄せはどうなるかというと、もちろん、人間関係が変わってきます。

極端にいうと、いままで六本木のクラブで夜な夜な遊んでいた人は、このスピリチュアリズムの真理に触れ、自身で納得するのであれば、その刹那的な人間関係が苦痛になってきます。「いまが楽しければいい」といった考えの人と一緒にいることが苦痛になってきます。また、投資クラブや開運セミナーで作り上げた人間関係に疑問を持つようになります。逆に、一生懸命生きている人、人のために生きている人、奉仕の心を持っている人に共感を覚えます。トランス系やメタル系の音楽より、クラシック音楽や自然の音が心地よく感じます。もちろん、これはただの一例です。

思考が波動を変える、その点は間違いありません。そして似たような波動を持つ人は集います。

自分が肉体は持っているけれどもそもそもは霊的存在であることに気づき、魂の声を聞くことになった人は、その霊性は物質的な豊かさを得るだけでは向上しない、ということに気づきます。そして、自身の指導霊からのサポートを受けることも可能でしょう。

音や色の波動を使っても、私たち人間の肉体・外側のオーラの波動を一時的に変えるにすぎません。霊的な波動は、その人の思考に左右されます。問題は、その思考と「動機」が利己的か、他者的かです。たとえ肉体がなくなっても魂は存在し続けるという事実を知ったいま、現実の世界の運を上げることに血眼になる意味はないはずです。

※二元論

自分のスピリチュアリティ(霊性)を知るにあたり、重要と言われていることの一つに、二元論があります。例えば、善と悪、生と死、陰と陽、創造と破壊、光と闇、男性性と女性性、などです。他にももっと、相反する概念や現象が存在します。

なぜ、「神」はこの相反する概念を創造したのでしょう。

なぜ、私たちはこの両方に直面しなければならないのでしょうか。

近年、LGBTといった言葉を使ってマイノリティの権利主張が目立ってきています。同性愛の存在は、古くギリシャ時代の哲学者まで認識をしていました。また、米国では白人入店禁止の黒人専用の店もあるとか。区別はあるかもしれませんが、差別・逆差別は悲しい結果を生むこととなるでしょう。

こういった2つの相反する概念は、私たちの霊的成長のためです。他者を知り、己を知る。己を知り、他者を知る。そうやって最終的な境地に至る時に、その相反する2つは愛をもって融合され昇華されます。まさに無条件の愛の完成、大いなる神へのアセンションの境地です。そのために、私たちの魂はその両方を学び続けます、中にはどうしても理解し難いもの、受け入れられないものも出てくるでしょうが、それは雄大な時間の流れの中で、自然と解決するものです。この地上を生きる私たちは、それも試練・チャレンジの一つなのです。その両方の違いを視野に入れながら、現実世界を生きていくことにより、健全なスピリチュアリティを育んでいきましょう。

第9章

なぜ私たちはここにいるのか

(1) 神の意図とスピリチュアリズム

さて、これまでの話をまとめましょう。

第1章では、この宇宙は私たちの想像を絶する壮大な《創造エネルギー・通称〈神〉》と呼ばれるエネルギーにより創生されたことをできる限り科学的な観点から説明しました。

この大きな宇宙も、そしてそれと同時にできた小さな原子も、磁力や波動のそのエネルギーが作ったものです。ひょっとしたら私たちが認識していない素粒子までもです。そしてガス、星、星雲などの宇宙に存在するすべてのものは、規則的に働き、原因と結果があり、私たちもその法則の中で生きています。そしてこの世のすべてのものは波動を帯びています。私たちの科学はその探求をしていますが、まだまだ解明にはほど遠いことでしょう。

第2章は、古代文明の伝承や古代の宗教家が語るその宇宙の創造神話、そしてその死生観を紹介しています。現在ほどの科学的知識は持ち得ないはずのその時代にも、《創造エネルギー・通称〈神〉》という見えない存在が認識され、そして宇宙の始まりの説は、現在の科学で導き出されるものとおおよそ一緒であることに驚かされます。

第3章、4章は、私たち人間についてです。私たちは肉体だけではなく、何層ものオーラをまとう存在（エネルギー体）です。それは現在の科学でもある程度計測できます。私たちは、肉体をなくしても、魂というエネルギー体であり続け、生前の個性をそのまま持って、地上のミディアムを通じて通信をすることが可能です。そして私たらを含む、すべての宇宙的存在が波動であることを、この世界の色・音、そして魂という観点から説明しました。

第5章、6章は、私たちが死してから行く〈スピリット・ワールド（霊界）〉のお話です。そこに住まう様々な霊格を持つ霊的住人の種類や霊格についてお話ししています。霊界には様々な霊性の人がおり、また私たちもいずれはその世界に戻ります。

第7章は、実際の我々の生と死についてです。どのように肉体を離れて〈スピリット・ワールド（霊界）〉に行くのか、そしてなぜまたこの地上に戻ってくるのかを概説しています。

第8章は、宇宙の法則・霊的真理のお話です。なぜ私たちはいま、この地球にいるのか、何をしなければならないのか、そしてどこへ向かっているのか、それを説明しています。

そして、この章は、いままでのまとめです。

各章に散りばめられていた、

なぜ、この世界ができたのか？

なぜ、私たちはこの地球で生き、そして肉体の死を迎えるのか？

なぜ、私たちには苦しいことがあるのか？

という、それらの答えがここにあります。

これが、宇宙の法則・霊的真理と言われているものです。そしてそれはスピリチュアリズムとその七大綱領（セブン・プリンシプルズ）という人生哲学であり、私たちの生活指針です。

繰り返しになりますが、《創造エネルギー・通称〈神〉》は、ビッグバンを引き起こし、最初の電子を回転させました。それが何億年、何十億年もかかって太陽になり、地球になり、そして生命体が生まれました。その生命体の一つである人間には、物質的肉体の他に魂が授かりました。そしてその魂は、時に物質的肉体を持たない魂と交流します。

さて、この一連の流れの中で、《創造エネルギー・通称〈神〉》はなぜ、物質的体を持つそれぞれの個体・人間にその魂を授けたのでしょうか。それには何らかの意図があるのでしょうか。また、意図があるとしたら、その目的は何なのでしょうか。でも、現代科学は物質的側面からしか研究していないので、この点についての答えは出せません。

近代になり、ごく一部の繊細な人たちは、見えないものとの交流を図り、そしてそのコミュニケーションを科学的に検討してきました。そのコミュニケーションの中で、「高級霊」といわれる極めて波動の高い人たちからこの地上の人々へメッセージが伝えられ、主として英語ですが、それが本として多く残されてきています。

(2) 宇宙叙事詩の主人公

その高級霊から伝え聞く大胆な仮説をご紹介します。

《創造エネルギー・通称〈神〉》は自分の分身を創りたかったのです。そしてその光の一部である「裡なる神」、神性を私たち一人ひとりに与えたのです。

その分身であり、いわゆる「神」の素養を持つが肉体という制約をまとった未熟な「魂」が、いろんな外的、内的経験を積み、そして多くの輪廻転生を経て何度も別の肉体を持ち別の環境に生き、次第にその自分に宿る神性に気づき（アウェアネス）、それまでに拵《こしら》えたカルマを解消し、より「神」の波動・エネルギーに近づき、もっと本来の「神」に近づいてくる――。「神」はそれを大きな愛を持って待ちつつ、そして最後には宇宙全体が「神」と同等の神聖なエネルギーに満たされるのを見たいのです。

我々の持つ裡なる神、つまり本質である「無条件の愛」にすべての人が気づき、その愛をこの宇宙に再現したいのです。それには永遠ともいえる時間がかかるでしょう。

「神」はエネルギー体です。唯一完璧で、目に見えない存在です。その分身の私たちも、肉体は持っていても、本質はエネルギー体です。つまり、私たちの本質は肉体ではなく、目に見えない「霊・スピリット」なのです。

そう、この宇宙に存在するすべての霊と地上の人間には、「神の分身」である「裡なる神」が備わっています。それは、神性、ハイヤー・セルフ、高次の自我、あるいは大我とも呼ばれています。

つまり、そもそも私たちは、肉体的存在である以前に、「霊的存在（Spiritual being）」なのです。これは、宇宙人でも同じです。三次元の肉体を持とうと、その肉体の形態が違っていようと、この宇宙に住む私たち生命体は、皆、本来、同じ霊的存在なのです。

「神」が人間の成長を望んでいるのであれば、人々の人生もすべて計画してあげれば簡単だし、私たちも面倒がなくていいと思うかもしれませんが、でも「神」はそんな簡単なことは望んでいません。

私たち一人ひとりの人生は、すべて違います。生まれてくる星も、時代も、国も、街も、親兄弟や環境も、それぞれ違います。また、それぞれの物質的人生でやらなければいけないテーマも違います。

それでは、スピリチュアリズムの七大綱領をおさらいしてみましょう。

一．神は父である（The Fatherhood of God）
二．人類は同胞である（The Brotherhood of Man）
三．霊界と地上界の間に霊的な交わりがあり、人類は天使の支配を受ける（The Communion of Spirit and the Ministry of Angels）
四．魂は永遠に存続する（The Continuous Existence of the Human Soul）
五．自分の行動には責任が生じる（Personal Responsibility）
六．地上で行ったことには、善悪それぞれに報いがある（Compensation and Retribution Hereafter for all the Good and Evil Deeds done on Earth）
七．いかなる魂も永遠に向上する機会が与えられている（Eternal Progress Open to Every Human Soul）

つまり、言いかえてみると……。

人智を越えこの宇宙を創造した《神》（The Fatherhood of God）は、私たち一人ひとり、平等にその神の一部（The Brotherhood of Man）と「自由意志（Free Will）」を授けました。

「霊界に先立った愛する故人やスピリット・ガイドとのコミュニケーション（The Communion of Spirit）」を通じて、故人や自分自身の「魂の永続性（The Continuous Existence of the Human Soul）」、そしてこの世は「善業・悪行それぞれ、原因があって結果があるという因果律から外れることはない（Compensation and Retribution Hereafter for all the Good and Evil Deeds done on Earth）」という宇宙の法則・霊的真理に気づきます。

その原則のもと、私たちは日々「自己責任（Personal Responsibility）」に基づき、自分の人生の大小の選択をし、目の前にある数々の困難を乗り越え、無条件の愛の実践を行い、そうして私たちは地上でも、そして地上を卒業しても、魂の存在として「永遠に成長していくチャンスがある（Eternal Progress Open to Every Human Soul）」、そんな存在なのです。

おわかりいただけたでしょうか。

いわば、私たち一人ひとりが「神」の創った壮大な「宇宙劇場」であり、宇宙叙事詩の主人公であり、それも自由意志でセリフや行動を起こせる、地球を舞台とする即興劇の主人公です。神は平等に私たちを愛してくれます。誰ひとり取り残されることはありません。勇気を持って困難に立ち向かっていくことを、そして無条件の愛の実践を、全力で応援してくれています。

私たちは、生きているし、生かされているというのはこういう意味です。そして私たちの地上でのこの魂の人生は、決して最初のものではありません。

これがスピリチュアリズムです。スピリチュアリズムは、こういった大きな宇宙観をベースにした、魂の道程、つまり、いまここでの生き方のあり方を説く哲学であり、行動指針なのです。

そして、それがある高級霊から与えられた七大綱領とお考えください。それ故に、これに従って魂の道を歩む人を「スピリチュアリスト」と呼びます。かく言う私も、もちろん、スピリチュアリストです。

さて、ここまで読んでくださっている皆様、ご自身についてどう感じていらっしゃいますか？

第10章

スピリチュアリズムの歴史

私たちの宇宙は、いわゆる「神」というエネルギーにより約138億年前に創られました。そしてこの世は、「神の計画（Divine Rule）」によって統べられています。このことは近代スピリチュアリズムの歴史の中で、多くの高級霊により語られ、数々の書籍として欧米を中心に出版されています。

このスピリチュアリズムの歴史は、〈スピリット・ワールド（霊界）〉との双方向のコミュニケーションの歴史です。〈スピリット・ワールド（霊界）〉と地上、2つの世界のコミュニケーション・チャンネルを通じて「無条件の愛」を地上に伝え続けています。この双方向のコミュニケーションが成立するに至るまでには、いろいろな布石がありました。現在宗教として組織されているものの多くの、当初の教えは、その神の愛を謳うものでした。

そして「神」は、このスピリチュアリズムの哲学をこの地球にもたらす準備を永い時間をかけて計画してきました。

「スピリチュアリズム」という用語は、後述する浅野和三郎先生の著書にもありますが、実は「心霊科学」とも称されます。そう、「科学」の側面を有しているのです。心霊現象といった、現在の人間の五感では理解しがたい、オカルト的な現象について、科学者・物理学者等の唯物論者が、当初は疑いながら検証した歴史でもあります。

ここでは、近代スピリチュアリズムとは何なのか？　そしてそれがどのように発展し、検証されていったのかを見ていきましょう。

（1）スピリチュアリズムの定義

いま日本では、書店や図書館に行くと「精神世界」のコーナーに、癒し・ヒーリング、ヨガ、瞑想、シャーマニズム、オカルト体験、ニューサイエンス等々の書物が並んでいます。またアメリカで60年代以降に流行ったニューエイジ運動がきっかけで、東洋思想と精神世界に注目し、個人の意識の変容が注目されました。マインドフルネスという言葉も知られるようになりました。これは実はブッダの唱えた「八正道」の一つ、「正念」を切り取ってアメリカで生まれた心理療法の一つで、その瞑想法も生み出されています。

ここでは、「スピリット」「スピリチュアル」「スピリチュアリティ」という言葉をできる限り明らかにし、「スピリチュアリズム」との違いの基本をお伝えしようと思います。

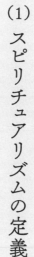

「スピリット（Spirit）」というと、日本語ではその文脈により、霊、霊魂、魂、心霊、亡霊、生気、活気等々と訳されます。

第2章でもお伝えしましたが、古代文明や神話から、「霊」や「魂」の存在は肉体と離れても、つまり死後も、存在すると考えられていました。それは、多くの文献からも計り知ることができます。考古学者や哲学者は、その当時の人々の死生観を書き記しています。また、シンガポールは中華系が多いのですが、道教思想が残る中華系文化でも1年に1回、中秋節前の1カ月間は霊界の扉が開き故人や悪霊が地上に降りてくるので、その魂を鎮める行事がいまでも行われています。面白いですね。死してもなお、魂は生きる。現代人よりも、古代の人々はそれを知っていました。

「スピリチュアル（Spiritual）」という言葉は、非常に曖昧な、非現実的なニュアンスで解釈されます。元の語源は「スピリット」で、その形容詞形なのですが、霊的、霊性的、人間の物質的身体以外の部分、という側面に加え、目に見えないものに対する憧れや畏怖の念が加味されているようです。

「スピリチュアルな人」と呼ばれている人、あるいは自称する人がいますね。

でも、守護霊、天使からのメッセージ、より良い精神世界を形成するという理想（アセンション願望）、自然霊・妖精や宇宙人とのコンタクト等、普通の人からは理解できないことが多いのが現実です。クリスタルやタロット、オラクルカードを使い、メッセージを伝える方もいます。マントラを唱えたり、音を使ったヒーリングをされる方もいます。現代科学では証明できない事象を一括りに、「スピリチュアル」と呼んでいる傾向がありますが、ちょっとオカルト的ではないでしょうか。「スピリチュアル」なことを行う人は、英語でも日本語でも、顧客の運気を上げる、そんなアドバイスをしている方も多く、利用者からしたら目に見えない力にすがる、他力本願的な要素もあるようです。

また別の側面からいうと、「スピリチュアル」なことを取り扱っている人は、日本では、「スピ系」とも言われているようで、私もこの活動を始めて数年間は、「スピ系女子です」と自己紹介していたものです。いまやこれは、私の中では黒歴史です。なぜなら、世にいう「スピリチュアル」なことをしている人と、私の行う故人の「証拠」を提示してのリーディングとは別物、と考えているからです。

その「スピリチュアル」なリーディングには、サイキック・リーディング（オーラレベルの霊視）とミディアムシップ（霊界通信、スピリット・コミュニケーション）があり、前者は、目の前の人のオーラの情報を読むもの、後者は目の前の人のオーラに加え、その人に関わる故人の霊からの情報も取るもので、その故人の特定をきちっと行います。これを「証拠」提示型霊界通信（エビデンシャル・ミディアムシップ）と呼びます。

後述しますが、この2つをちゃんと理解せずにリーディングを行なっている方が非常に多いです。過去の出来事の証拠を提示できない、あるいは将来起こるべきことの証拠が提示できないので、世の中では「スピ系」が敬遠されるのではないかと、私は危惧しています。

実は、このリーディングは科学的に解明できるかもしれないのです。現在、欧米の科学者たちがこの現象を証明しようと、研究も行われています。少なくとも、スピリチュアルなものに対する嫌悪感の排除と、いい加減な霊能者を排除するためにも、こういった現象は証明されるべきです。

では、「スピリチュアリティ(Spirituality)」とは何でしょう。日本ではあまり聞かない言葉でしょうが、これは、霊性、精神性と訳されます。

決まった定義は見つけられませんが、総じて、人の心の奥底にもつ自我を超えた大切な「もの」、それに基づいて、自分の言動や人生を律する傾向を指すようです。

それは、「自己変容を主題とする文化で、自己の外部の神々や霊的存在、大いなる自己や大霊、気や宇宙的エネルギー、異星人や宇宙意識などに関心が払われるが、それとともに、いやそれ以上に、個々の人の魂や心や意識や体に体験される変化が重要とされる」と言われています。

医療・福祉・心理カウンセリングの分野から見てみると、WHO(世界保健機構)はそれを以下のように定義しています。

「スピリチュアル」とは、人間として生きることに関連した経験的一側面であり、身体感覚的な現象を超越して得た体験を表す言葉である。多くの人々にとって、「生きていること」が持つスピリチュアルな側面には宗教的な因子が含まれているが、「スピリチュアル」は「宗教的」とは同じ意味ではない。スピリチュアルな因子は、身体的、心理的、社会的因子を包含した、人間の「生」の全体像を構成する一因子とみることができ、生きている意味や目的についての関心や懸念と関わっている場合が多い。

(「ガンの緩和ケアに関する専門委員会報告」1983年)

がんの緩和ケア等、死に直面している人は、自分の生き様や、なぜ自分が死に直面しているか、死んだらどうなるかを切実な問題として考えます。だからこそ、WHOはこのようなコメントを出したのですね。

このような方のケアをする医療従事者、ソーシャルワーカー、カウンセラーたちは、この点に留意し、患者さんと接しなければなりません。緩和ケアだけでなく、臨床のカウンセリングにおいて、スピリチュアリティを重要視する論文もかなり多く見られます。

実際、「トランス・パーソナル心理学」という分野においては、自己実現という個人主義の限界からなのでしょう、自己を超越するもの（トランス・パーソナル）の研究、そして個人の霊性（スピリチュアリティ）をカウンセリングの分野に取り入れる研究・実証がなされています。

※スピリチュアリストが使う「スピリット」の意味

英国ＡＦＣの先生方は英語で「スピリット」という言葉をよく使います。と同時に「ソウル」という言葉も使います。日本語では両方「魂」と訳されますが、その違いは何でしょう。

ある先生は、その違いをこう説明してくれました。

「人間の肉体ではない部分を、果物の『桃』と想像してみてください。その中心にある種の部分が『スピリット（つまり神からもらった部分）』であり、その果肉の部分が『ソウル』です。その果肉は、その人の人生です。甘く熟れるかもしれないし、苦く終わるかもしれませんが、その中心にある種の部分は、また地上に植えても桃の木になります」

そう、スピリットは神からもらった「裡なる神」、神性の部分をスピリットと呼んでいます。ソウルという果肉の部分は、その人の地上での経験、つまりオーラの部分を表しています。

一方で、ミディアムシップのセッションやデモンストレーションでは、地上人生の記憶や死後の感情を持った、いまも霊界で生きている故人の霊を「スピリット」と呼びます。あれ？　これ、「ソウル」のことじゃない？　桃の果肉じゃない？　と思われるかもしれません。

霊界の現象は人間の言葉や単語では表しきれません。どっちが「スピリット」でも関係ありません。その「コンセプト（概念）」さえ認識していただければ、日本語や英語の単語なんて全く意味がないのですよ。霊界は地上の言語のない世界。桃の種の部分と桃の果肉の部分が自分や霊界の愛する人の魂にある、そうイメージしてみてください。

(2) スピリチュアリズム

スピリチュアリズムは、もうご理解いただけたことと思います。和訳では「心霊主義」と訳されます。

ウィキペディアでは、以下のように記されています。

「心霊主義（しんれいしゅぎ）は、スピリチュアリズム（Spiritualism）、スピリティズム（Spiritism）の和訳のひとつで、人は肉体と霊魂からなり、肉体が消滅しても霊魂は存在し、現世の人間が死者の霊（霊魂）と交信できるとする思想、信仰、人生哲学、実践である。スピリチュアリズム（Spiritualism）は心霊術、交霊術、心霊論、降神説などとも訳される」

残念ながら、スピリチュアリズムのほんの一部しか紹介されていませんね。科学的・論理的に証明できなければ真実ではないといった唯物論的考えの昨今です。そんな中、近代スピリチュアリズムは、１８５８年に米国で誕生しました（後述）。それが英国にその舞台を移し、多くの科学的検証を受けて発展しました。現在、スピリチュアリズム全般を教える英国ＳＮＵや、Spiritualist Association of Great Britain（ＳＡＧＢ）等、英国での同様の団体では、私たちの生き方を大きく捉え、前述の七大綱領を掲げています。もう一度、ここでご紹介しますね。

一．神は父である（The Fatherhood of God）

二．人類は同胞である（The Brotherhood of Man）

三．霊界と地上界の間に霊的な交わりがあり、人類は天使の支配を受ける（The Communion of Spirit and the Ministry of Angels）

四．魂は永遠に存続する（The Continuous Existence of the Human Soul）

五．自分の行動には責任が生じる（Personal Responsibility）

六．地上で行ったことは、善悪それぞれに報いがある（Compensation and Retribution Hereafter for all the Good and Evil Deeds done on Earth）

七．いかなる魂も永遠に向上する機会が与えられている（Eternal Progress Open to Every Human Soul）

人間の霊魂というのは、肉体が朽ちた後も存在します。それは、この《創造エネルギー・通称〈神〉》のなせる技です。

私の言う「神」とは、一般的な宗教でいうところの「神」とは違う概念です。その神の下で生まれている私たちは、地球人であれ、宇宙人であれ、同胞だということを謳っています。ミディアム（霊媒）を含む先人たちは、数々の霊界通信（スピリット・コミュニケーション、ミディアムシップ）を通じて、〈スピリット・ワールド（霊界）〉の真実を含むこの世界のあり方を示してくれ、そして、宇宙的な時間で観た私たちの成長のあり方を教えてくれています。

この人間の生き方の哲学を「スピリチュアリズムのフィロソフィー」と称し、そしてそれを実践する人をスピリチュアリストと呼びます。

後ほど、その歴史を詳しく述べますが、近代スピリチュアリズムの発端は、フォックス家事件です。1848年3月31日、米国ニューヨーク州ハイズビルという村で「フォックス家事件」が起きました。

前年末にハイズビルに引っ越してきたフォックス家の幼い姉妹が、この年の3月31日に、その家で殺害された行商人の霊と初めて双方向のコミュニケーションが取れた日で、その日は「近代スピリチュアリズム発祥の日」と言われています。「双方向」、これが大事なポイントです。

そのスピリチュアリズムでは、人間が霊的存在であることを説き、霊的存在同士のコミュニケーションが可能であることを数々の例が証明しています。

(3) 宗教との違い

スピリチュアリズムは、宗教ではありません。それを信じる全世界のスピリチュアリストは、宗教の信者ではありません。「スピリチュアル」という言葉が入っているため、よく宗教と間違われます。英国SNUは、英国で宗教的慈善団体として登録されています。これは営利企業ではないということです。でも実際は、キリスト教、イスラム教や、他の宗教、新興宗教とは違います。欧米の心理カウンセリング系の論文により、スピリチュアリティ(霊性)と宗教の違いは明確です。

宗教には団体や教祖が存在し、礼拝などの儀式や規則が存在しますが、スピリチュアリズムには、特定の祈りの対象（御神体、御本尊等）はありませんし、信じなかったら不幸になるという恐怖の洗脳もありません。

そうは言っても、英国SNUは慈善団体ですし、英国各地にその傘下のスピリチュアリスト教会があります。自発的な寄付は受け付けていますが、教祖は存在しません。各スピリチュアリスト教会の代表として神父様もいらっしゃいますが、その方を崇拝するわけでもなく、「七大綱領」にしたがって毎日の生活を過ごす、ただそれだけです。そこでは冠婚葬祭のすべても執り行いますので、そう言った意味では宗教っぽいのかもしれませんね。

でもスピリチュアリズムが一般的な宗教と違うことは、明白です。ただ残念ながら、「スピリチュアル」という曖昧な言葉を連想させるため、いろいろな場所や団体で非常に敬遠されているのが現状です。

（4）近代スピリチュアリズムの成立

人類の歴史を紐解くと、太古の昔から《神》の存在、そして霊の存在は多くの方に認識されてきました。そして私たち自身も肉体という物質がなくなり、「死」を迎えたらそれ以降どうなるのだろうと、つまり死後についてもいろいろと考えてきました。

肉体を失ったら霊体となる私たちは、実は肉体に宿っている現在でも、「霊」というものを備えています。つまり、肉体と霊体、そして神体をも備えているのです。ただ、それぞれのバイブレーション（波動）が異なるので、それで気がつかないだけなのです。つまり、死ぬということは、精妙な複合体である私たちの霊体の、一番外側の肉体を脱ぐだけのことなのです。そうしたら、次の霊的な体の「幽体」が表面に現れて、そして霊界に行った私たちに相応しいであろう「幽界」での生活を始めます。

そうした霊的な仕組みの気づきを、我々地上の人間にもたらすために、神は周到な準備を行いました。

スピリチュアリズムの七大綱領を見ると、非常に一般的なことが書かれているという印象を持つ方も多いことでしょう。そんな七大綱領がまとめられ、そして私たちに広められた歴史があるのです。そうなのです！　近代スピリチュアリズムは、ミディアムシップなど霊との交流とその方法論だけではなく、その背後にあるフィロソフィー（人生・魂の哲学）でもあるのです。ですから、スピリチュアリズムを広めるための「神の計画」の周到性を知る勉強にもなります。

ここで、満を持して、フォックス家事件が起こります。それはスピリチュアリズム黎明期の画期的な出来事です。そしてその日、1848年3月31日、この日が近代スピリチュアリズム勃興の日と呼ばれています。スピリチュアリズムに関する欧米・日本のすべての本でも、このことは記載されています。さてなぜ、この日をスピリチュアリズム勃興の日と呼ぶのでしょうか。

1847年末、フォックス夫妻と幼い二姉妹、ケイトとマーガレットは、ニューヨーク州郊外のハイズビルという村の一軒家に引っ越してきました。

翌年3月中旬頃から、家中でラップ音が聞かれるようになりました。ラップ音とは、ピシッとかパシッとか、ガラスが軋むような音がよく知られていますが、フォックス家の場合は、ノックをするような音だったようです。

フォックス家は毎晩夜中12時近くまでその音を経験するようになりましたが、夫妻が就寝する12時になると、ピタッと止まりました。でもその音が、日増しに酷くなっていったのです。

1848年3月31日金曜日、その日初めて昼間にもラップ音が聞こえたので、一家は怖くなり、早く就寝することにしました。そうしたら、ますます音が酷くなったのです。

そんな中、なんと一番年下のケイトが、そのラップ音に対して指を鳴らして応じたのです。そうしたら、なんとそのラップ音は、ケイトが指を鳴らした数だけ、また音を立ててみせたのです。

次にマーガレットが、「私を真似てみて」と、手を叩いたところ、彼女の鳴らした音の数だけラップ音が聞こえました。フォックス夫人も「10回叩いてみて」と言ってみたところ、ラップ音は正確に10回音を立てました。

「あなたは人間なの?」

そう質問すると、音はしませんでした。

「あなたは幽霊なの?」

そう質問するや否や、2回、音が鳴りました。

そうやって、お母さんの質問にラップ音の主が答える形で、会話が始まりました。

そして、その音の主は、31歳の時にこの家で殺され、地下室に埋められたということが判明しました。2人の息子と3人の娘がおり、そして妻はつい2年前に亡くなったとのことでした。

フォックス夫人はその音の主に、

「ご近所さんを呼んできても、いまと同じように質問に答えてくれる?」

と尋ねると、音の主は了解したように音を鳴らしました。

フォックス氏は慌てて村の人たち、約20人ばかりを呼び集めました。その多くの人が見守る中で、その音の主、つまり霊との対話が、フォックス夫人や隣人の質問にラップ音で答えるという形で始まりました。音の主は、村人の年齢や子供たちの年齢を正確に音で鳴らしてみせました。

その音の主である霊は、チャールズ・ロズマという行商人で、フォックス家が引っ越してくる5年前のある火曜日の夜12時頃、この家を訪れた際に前の住人に殺害され、所持していたお金、当時では大金の500ドルを奪われました。そしてその遺体は地下室に埋められたとのことでした。

ロズマとハイズビル村の住人たちとの交信は、3日間続きました。翌月曜日、ロズマが指定した地下室の場所を掘り返してみると、髪の毛が少量と数本の歯が発見されたのみでした。その死体は殺害後に一旦その場所に埋められたのですが、どうやら後に別の場所に埋め変えられたようで、ロズマ霊はそのことに気がつかなかったようです。フォックス家がその家を引っ越した後に、もっと深い地下室の別の場所から、完全な人骨とチャールズ・ロズマの名前の入った遺品が発見されました。

この夜の事件は、フォックス夫妻だけでなく、この状況に立ち会った近所の方々も、翌週、村の役場でその日に目撃したことを書面に書き、署名をし、公的な書類として残しました。

この日が、霊と地上の人間との、実際に検証された双方向のコミュニケーションの始まりです。そして、村役場の公的書類として残された最初の事件です。

後に、ケイトとマーガレットの姉妹は、「ラップ音のミディアム」として全米で公開交霊・デモンストレーションを行いましたが、「インチキだ、トリックだ」とのマスコミの糾弾に遭います。心を痛め、晩年は「自分たちの行っていた霊界通信は嘘だった」と一度は証言したのですが、その証言も後年撤回しています。唯物論者の非難中傷にさらされて精神的に大きなダメージを受けたという残念なエピソードです。

その後、スピリチュアリズムは海を渡り、主な舞台をヨーロッパ・英国に移します。

実は、このフォックス事件の前にも、〈スピリット・ワールド（霊界）〉について研究が行われ、数々の本が出版されていました。

実はフォックス事件の約1世紀前、初めて聖書のスウェーデン語訳を刊行したストックホルムのルーテル教会牧師である父のもとにエマヌエル・スウェーデンボルグは誕生しました。１６８８年のことです。のちに彼は科学者となります。１７４５年に自ら霊的体験をして以降、生きていながら地上界と霊界を往き来し、訪れた霊界の様子を「霊界日記」に20年間にわたり書き溜めました。

１７５９年、スウェーデン西部の大都市ヨーテボリでの公演中、３００マイル東のストックホルムの大火災を霊視し、その場で列席者に伝えたり、いくつかの予言も行っていたようです。

そのスウェーデンボルグは、死後、ニューヨーク州の上院議員であったエドマンズ判事と外科医のデクスター博士の行う交霊会にたびたび登場し、霊界の様子やその魂の哲学を伝えました。なお、彼らの交霊会には、17世紀の英国哲学者フランシス・ベーコンも登場し、それらの話の内容はエドマンズ判事により『スピリチュアリズム』という本にまとめられ、出版されました。また、書き溜めていた日記も、死後に出版されました。

そしてフォックス事件の起こる2年ほど前、アメリカの霊能者アラン・デービスは『大自然の啓示』という、まさにスピリチュアリズムの哲学的内容の本を発行しました。この本は40版以上のベストセラーです。彼もまた、自分の霊体を鍛え、自身で〈スピリット・ワールド（霊界）〉に行き観察し、その様子を33冊の著作に記しました。

彼はスピリチュアリズム運動の中心的人物だったのですが、当時のスピリチュアリストたちがセンセーショナルな物理心霊現象ばかりに関心を示して、肝心の哲学的意義をおろそかにしていることとを遺憾に思い、自分の説を「調和哲学」と呼び、スピリチュアリズムと一線を画しました。

（5）エマ・ハーディング・ブリテンとスピリチュアリズムの七大綱領

スピリチュアリズムの七大綱領をまとめた功労者、エマ・ハーディングはイギリス出身です。

1823年にロンドンで生まれました。幼い頃から子役として、演劇・歌のパフォーマンスで家計を支えていたようです。

1856年、興行のためロンドンからアメリカにわたるパシフィック号での航海中、彼女は多くの添乗員たちと仲良くなりました。そしてアメリカに到着したある日、彼女は霊の存在を感じました。すぐさま彼女はアルファベットの文字のカードをテーブルに並べ、そのメッセージを綴り始めました。

メッセージは、フィリップ・スミス、という人からのものでした。仲良くなったパシフィック号のクルーからでした。その文字は次のものでした。

「親愛なるエマ、私は、自分が死んだということをあなたに伝えにきました。パシフィック号は沈没し、船上のすべての人が亡くなりました。船と乗組員からは、もうなんの音沙汰もないでしょう」

彼女はその晩、一睡もできず、翌日、母親とともにミディアム（霊媒）の友人のもとに出かけました。彼女たちが到着した時、ミディアムは、変性意識（トランス）状態から抜けたばかりで、エマを見て、彼女がスミスから受け取ったメッセージと全く同じ内容を伝えたのです。エマはそのメッセージは本物だと確信し、その内容を公開しましたが、パシフィック号のオーナーは信じず、彼女を糾弾しました。でも後日、パシフィック号の沈没が事実であることがわかりました。

エマは優れた霊媒でした。その後、1857年から亡くなる1899年まで、ミディアムシップ（霊媒）の公開デモンストレーションや霊訓を伝える活動をしました。イギリスだけでなく、アメリカ、カナダ、オーストラリア、ニュージーランドで講演活動をしました。それだけでなく、彼女は『ツー・ワールド（Two World）』という、いまでも刊行している雑誌の立ち上げにも携わりました。

また、多くの著書を記し、その後、袂を分かちましたが、マダム・ブラヴァツキーとともに神智学協会の立ち上げにも関わりました。それに、フォックス姉妹とも交流があったとも言われています。

その後、英国スピリチュアリスト・ナショナル・ユニオン（SNU）の前身を創設し、生前、ウェールズ出身の理想社会主義学者、故ロバート・オーウェンとの霊界通信で、スピリチュアリズムの哲学を表す7つの言葉を受け取りました。

これは、彼女の死後1901年に設立された英国スピリチュアリスト・ナショナル・ユニオン（SNU）で、「七大綱領の啓蒙と普及」を活動目的とすることを法人定款（Articles of Association）に明記し、法人登録されました。SNUの本来の目的は、ミディアムシップやスピリチュアル・ヒーリングという現象を広め学ぶのではなく、その奥にあるフィロソフィーの啓蒙なのです。AFCに通っていらっしゃる方も、これを知らない方がほとんどでしょう。本書ではこれまで、その一つひとつを詳しく見てきましたね。この七大綱領は、SNUだけでなく、欧米の同様のスピリチュアリスト団体が採用しています。

エマは、スピリチュアリズムの立ち上げ時の、最重要人物と言えるでしょう。その墓石は、いまはSNU管轄のAFCの美しい庭の片隅に置かれています。

エマ・ハーディング・ブリテンやその他の、数々の素晴らしい霊能者・ミディアムが、この時代以降第2次世界大戦前頃まで、高級霊からのメッセージや、故人との交信を行ってきました。そして、大事なのは、誰と交信しているか、その証拠・検証を行っている点です。その一例をご紹介しましょう。

D・D・ホーム

スコットランド生まれのダニエル・ダングラス・ホームは小さい頃からその霊能力を発揮した霊媒で、一時アメリカで生活をしていましたが、1855年にイギリスに渡り、その能力で一大ブームとなりました。その霊能力は、物理現象（空中浮遊、アポーツ、物質化現象）（後述）だけでなく、トランス状態（後述）で、彼の知らない他国語でのミディアムシップをしたと言われています。

彼の実験会には、英国王室、フランス皇帝、プロシア王、ロシア皇帝など、錚々たるメンバーも、彼の霊能力の証明に立ち会いました。彼はウィリアム・クルックス卿の科学的実証の実験に協力し、彼のもたらす物理現象がトリックではないと証明するのに協力しました。

ウィリアム・クルックス卿

英国の著名な物理学者で科学者でもある、王立協会会長ウィリアム・クルックス卿は、D・D・ホームの霊媒現象の「トリック」を科学的に解明しようと試みました。科学者としての重鎮であるクルックス卿がスピリチュアリズムの研究を開始したということは、世間をアッと言わせました。長期にわたる検証の末、最終的に彼は、ホームの物理現象は詐欺でもまやかしでもないと公表し、「近代スピリチュアリズム現象の研究」と称した論文を王立科学アカデミーで発表しました。科学界の重鎮が「スピリチュアル」な事象が本物だと証明し、科学界は大混乱でした。

またフローレンス・クック嬢という霊媒がエクトプラズム（後述）を使って出現させたケイティ・キングの霊の物質化現象を、40回にも及ぶ実験において、触ったり脈拍を測ったりと、科学的に検証をし、その物質化した霊がクック嬢という霊媒とは全く違う存在であり、本物のケイティ・キング霊であるとの結論を発表しました。

スティントン・モーゼス

オックスフォード大学で牧師の資格を取得したモーゼスは、次第に霊能力を発揮するようになり、1870年代半ばより、トランス状態中の自動書記により、高級霊「インペレーター」と総称される多くの霊からの通信を受け取り、80年代にその記録を『モーゼスの霊訓』として出版しました。これは「三大霊訓」の一つとされ、高級霊との最初の交信記録といわれています。

モーゼスはマイヤーズとともに英国心霊研究協会（The Society for Psychic Research）の創設メンバーでした。モーゼスと交信した高級霊が地上で生活していた頃の名前はすべて判明していましたが、モーゼス本人はそれを公表しませんでした。人物を詮索するのではなく、通信の内容を重要視してほしいからです。

残念ながら、後日、他の人により、モーゼスと通信していた高級霊は、ユダヤの預言者マラキ、ギリシャの哲学者プロティノス、ヘブライの預言者エリヤ、その他、洗礼者ヨハネ、プラトン、アリストテレス、ロバート・オーエン、ベンジャミン・フランクリン等と公表されてしまいました。

アーサー・コナン・ドイル卿

ご存知、『シャーロック・ホームズの冒険』シリーズの作者です。彼の作品は、数々のドラマや映画にもなってきました。医者の資格を持つコナン・ドイルは、本業ではさして成功せず、

1890年代前後からその『シャーロック・ホームズ』シリーズを執筆し、爆発的人気を博しました。

彼は霊能者ではありませんでしたが、第一次大戦後、本格的にスピリチュアリズムの研究に取り組みました。その執筆活動で得た資金を元に、1926年『スピリチュアリズムの歴史』という大作を執筆し、前述のスウェーデンボルグ、フォックス姉妹、D・D・ホーム、クルックス卿、エマ・ハーディング・ブリテンその他多くの素晴らしいミディアムの功績だけでなく、霊現象と呼ばれるものの科学的研究についても記しています。

人々の功績を残すスピリチュアリズムの歴史を研究し、その歴史を刊行しただけでなく、ヨーロッパ・アフリカ各国等の講演活動を積極的に行い、また、マイヤーズにより創設された心霊現象研究協会（ザ・ソサエティ・オブ・サイキック・リサーチ）の会員としても、スピリチュアリズムの普及に貢献しました。

ハンネン・スワッファー、モーリス・バーバネルと、高級霊シルバー・バーチ

「フリート街の法王」の異名を持つスワッファーはメディアの批評家としての地位を確立していましたが、同時に交霊会にも関心がありました。若くして交霊会（ハンネン・スワッファー・ホーム・サークル）に呼ばれたバーバネルは、うかつにもその呼ばれた初回交霊会中に眠ってしまいました。ところが実はバーバネルは変性意識（トランス）状態に陥っており、「シルバー・バーチ」という高級霊がバーバネルの声帯を利用し、素晴らしい言葉を参加者に伝えていたのでした。

その後、高級霊シルバー・バーチとの交霊会は、バーバネルが死する1981年まで続けられ、その内容は『シルバー・バーチの霊訓』として各国で刊行されています。

三大霊訓の一つである『シルバー・バーチの霊訓』は、約60年にもわたって行われた交霊会の記録です。シルバー・バーチと名乗った高級霊は、地上にメッセージを下ろすために様々な努力をしてきました。

霊媒選びと霊界通信のタイミングから始まり、シルバー・バーチ自体の霊性・波動が高すぎるために直接地上人と交流できないので、その間に立つ霊媒(レッド・インディアン)の霊を選定し、言語(英語)を習得するなど、すべて「神」の計画に基づき行われました。

最初はたどたどしかった英語も、しばらくすると非常にわかりやすく崇高な言葉を紡ぎ出すようになり、日本でもその録音をYouTubeで聴くことができます。

シルバー・バーチは、最後までその地上における名前を公表しませんでした。おそらく彼は、私たち誰もが知っている古代の著名人と思われます。彼が最後まで名乗らなかったのは、「○○さんが言ったから、信じる」のではなく、メッセージの本質を見てほしかったからです。彼は、一つのブレもなく、霊界の有様、霊的真理に基づく人間の生き方を、あらゆる角度から説きました。これは、モーゼスが話していたことと同じですね。

アラン・カルデック

三大霊訓の一つ『霊の書』を執筆したのは、フランスの科学者、アラン・カルデックです。友人の娘2人を霊媒とし、毎週交霊会で自動書記（後述）を通じて書かれたその本は、1857年に刊行されました。フランス語で書かれたため、ラテン系の国民に多く広まりました。その思想は、「スピリティズム」と呼ばれ、現代でもブラジルで多く読まれているようです。

その序文で「顕幽了解の通信は奇跡ではなく、ものの自然である。このことは古来どこにでもあったものだが、いまや一般的となってきた。例によると、これを明らかにする神の定めた時がいま来ている。神の使徒なる霊たちは人類新生の時代をもたらそうとしている」と記しました。

この書は、人生の様々な問題、神、魂について、カルデックの質問に通信霊が答える問答形式となっています。通信霊は、聖ヨハネ、パウロ、アウグスチヌス、ソクラテス、プラトン、スウェーデンボルグ等々、モーゼスの通信霊と共通するものも見られます。

ジェラルディン・カミンズ

作家であった彼女は、自動書記で多くの霊界からのメッセージを本にまとめました。霊界通信の古典的名著『不滅への道――永遠の大道』では、心霊研究者であったフレデリック・マイヤーズ霊からの情報です。霊界の詳しい界層を説明し、また人間の生き方について説いています。

それだけではなく「十字架の使者」という霊団から口述で受け取った物語をまとめた『イエスの

少年時代』『イエスの青年時代』は、聖書に書かれていない少年イエスや母マリアの生活、そしてその苦悩、なぜ十字架にかけられるようになったかが、まるで見てきたかのように生き生きと書かれています。

アーサー・フィンドレイ

若くしてミディアムに触れ、1920年にグラスゴーでサイキック・リサーチ・ソサエティを創設したフィンドレイは、モーリス・バーバネルとハンネン・スワッファーとともに『サイキックニュース』というスピリチュアリスト新聞の創刊に関与し、のちに、1964年、自分の所有していた英国エセックス州にある屋敷をSNUの施設として寄与し、アーサー・フィンドレイ・カレッジを開校しました。アーサー・フィンドレイ・カレッジでは、毎週様々な霊能開発のコースが開催され、世界各国の初心者からプロの霊能者まで集まって、その技術の研鑽に励んでいます。

ハリー・エドワーズ

政治家を目指していた彼は、スピリチュアリスト・チャーチの会合で、ミディアムにそのヒーリング能力を指摘され、のちにスピリチュアル・ヒーラー（心霊治療家）になり、1946年に英国巡業をしました。そのヒーリング能力はイエスの再来とも、それを超えるとも言われています。

また、ヒーリング・サンクチュアリーを開設し、週に1万人もの人たちに遠隔ヒーリングも行いました。彼の顧客には、英国セレブリティや王室関係者も多く、ロンドンのトラファルガー広場やロイヤル・アルバート・ホールで公開ヒーリング・デモンストレーションを行い、何百人、何千人もの前で多くの患者を奇跡的に癒した記録が、いまでもYouTubeで見ることができます。

また、『霊的治療の解明』『A Guide to the Understanding and Practice of Spiritual Healing』等、スピリチュアル・ヒーリングの解説本を数冊発行しています。

彼の最大の功績はスピリチュアル・ヒーラーの地位向上に寄与したことです。現在、英国の病院では、入院患者がスピリチュアル・ヒーリングを希望した場合、その認定スピリチュアル・ヒーラーを受け入れることとなっています。

ゴードン・ヒギンソン

生まれながらのミディアムであったヒギンソンは、物理霊媒、精神霊媒としてその才能を遺憾なく発揮し、1970年にはSNUのプレジデント、1973年にはアーサー・フィンドレイ・カレッジ校長になり、現代のスピリチュアリズムの発展に貢献しました。深いトランス状態に入った彼の口から出るエクトプラズムの写真がいまでも残っています。

私の師事した先生方のほとんどが、ゴードン・ヒギンソンから学んでいて、皆、口を揃えて、彼は最高のミディアムでありスピリチュアリストであったと言っています。

この他にも、まだまだ多くのスピリチュアリズムの先駆者たちがいます。米国から舞台を英国に移し、発展していったスピリチュアリズムですが、米国ではデービスのように哲学的色彩が強かったものの、英国に移り、それが物理霊媒現象の科学的検証といった研究活動に変わっていきました。

そして高級霊から多くの霊界の情報が伝えられました。霊界の層の区分などは、おおよそのところでは一致しています。ただ細かい霊界の情報や区分については、通信霊の霊界の居場所、つまり霊格によって、多少の差異があります。でも、実に具体的に、霊界がどうなっているかを、私たちに情報として伝えてくれています。後は私たちが霊界に行ってからのお楽しみといったところでしょう。

(6) 物理霊媒現象の科学的検証

近代スピリチュアリズムの歴史は、「この世」と「あの世」の双方向のコミュニケーションの歴史でもあります。私たちは古代から、霊の存在を認識していましたし、霊の存在の目撃例も多く残されています。

〈スピリット・ワールド（霊界）〉は、この双方向のコミュニケーションを通じて、私たちにわかりやすく発信してきました。その初期の頃、つまり科学が発展してきた頃には、私たちの肉体の持つ五感（視覚・聴覚・触覚・嗅覚・味覚）を使って霊界を感じ、その存在を証明する現象、いわゆる「物理現象」が多く起きていました。霊感の乏しい一般の人に霊的存在をわかってもらう、極めて原始的な方法とも言えましょう。こういう物理現象を起こす霊媒を物理霊媒と呼びますが、さて彼らは何をしていたのでしょう。以下のものがその例として挙げられます。

①ラップ音　居空間に突然ガラスのきしむような音や手を叩くような音が聞こえる現象
②アポーツ　物体引き寄せ。突然、その場に石その他の物体が移動してくる現象
③物質化現象　エクトプラズムにより何もない場所に物質が形成される現象
④テレキネシス　楽器演奏等、念力の力でラッパが音や言葉を発する現象
⑤浮揚現象　肉体やテーブルなどの物質が浮遊する現象
⑥直接談話　空間にエクトプラズムで声帯を作り、通信霊が直接語り掛ける現象
⑦霊言現象　霊媒に通信霊が乗り移り、霊媒の声帯を使って語り掛ける現象
⑧直接書記　霊媒にペンを持たせてメッセージを届ける現象
⑨心霊写真　人間の肉眼では確認できない霊を写す現象

その他、いろいろな現象がありますが、すべて、普通の人の五感で確認できる霊的現象です。そしてこれらは、初期の時代には、前述の英国物理学会の権威クルックス卿らにより、真剣に科学的

検証がなされてきました。つまり、そういった現象を起こす霊媒が何かインチキをしていないかどうかを徹底的に検証したのです。

科学的検証に協力した多くの霊能者で、特に有名なのは、前述のD・D・ホーム（ダニエル・ダグラス・ホーム）でしょう。

D・D・ホームはアコーデオンを空中浮遊させ、リクエストによりいろんな曲を演奏させました。クルックス卿はアコーデオンの周りに金網を張り、電流を流したこともありますが、アコーデオンは依然として演奏を続け、この現象の目撃者は数千人に上りました。また、D・D・ホームは多くの実験者の目の前で、テーブルやピアノ、そして本人自身の浮揚現象を起こしました。これも百以上の記録が残されています。

それと、D・D・ホームは友人たちの目の前で、2階の窓から外に出て、空中を歩き、そしてまた窓から入ってきたという、イエスが湖の水面を歩いた逸話と同様の「空中浮揚」の現象もやっております。

物質化現象で有名なのは、フローレンス・クック嬢という若い霊媒が呼び出したケイティ・キング霊です。

クルックス卿は、前述の通りクック嬢が誤魔化しを行わないよう、自宅に長期にわたり住まわせ、一人になる時間を与えず、実験を繰り返しました。彼女はトランス（変性意識）状態でエクトプラズムという正体不明の物質を出し、肉体を模した物質としてのケイティ霊を出しましたし、またそれは、手で触ることもできます。体温もあり、脈も打ち、言葉も話し、背格好もクック嬢と全く違う存在だったことを、英国の科学分野の重鎮のクルックス卿が証明したのでした。

アポーツという物体引き寄せ現象には面白い事例があります。

通常は「モノ」の引き寄せですが、ロンドンのとある実験会で、8人の立会いのもと、引き寄せを行うことになりました。それも、ガッピー夫人という超肥満な霊媒を会場に引き寄せようと霊界に頼んだのです。

彼女はその時、3マイルも離れた自宅にいました。ものの数分後、真っ暗な会場にドスンという大きな物音がし、灯りをつけたら、テーブルの真ん中に超重量級のガッピー夫人が、靴も履かず、手にはインクに濡れたペンと、インクが乾いていない帳簿を持って現れたのです。本人も、何が起きたか全くわからない様子でした。その後、靴と帽子等も同様に引き寄せ、馬車で帰宅されました。

いまの言葉で言うと、テレポートとかワープとかいう現象が、霊界の力により実際に起こったということです。

『モーゼスの霊訓』の著者モーゼスのように自動書記をする場合は、手にペンを括り付けてそのままトランス状態に入り、高級霊が彼の手を使って言葉を綴りますが、直接書記は霊媒の体を利用しません。2枚の石板を用意し、その間に石筆を挟んでテーブルの上に置き、霊媒と立会人がそれに手を置くと、ギイギイと石筆の走る音が聞こえてきます。合図があり、石板を開いてみると、そこには言葉や文章が書かれているのです。これをスレート・ミディアム（石板霊媒）とも呼びます。実際にその言葉が刻まれた石板が、英国AFCの小さな博物館に展示されています。

スピリチュアリズム発祥初期においてよく見られたこうした物理現象は、すべて人間の「物理的」に認識できる形、つまり五感の、見る、聞く、触る等で霊の存在を確認し、検証させていました。なぜなら、霊が死後も存在するということが周知ではなかったからです。

古代の人々は神やら霊やら、目に見えないものと共存していたのに、現代人は五感で感じられるもの以外、目に見えないもの以外は否定する傾向がありました。それがこのような数々の物理的実験により、霊の存在が実証されました。

しかしながら、こういった科学的検証のブームは永くは続かなかったのです。原因の一つとしては、インチキ霊媒がトリックを使って物理現象を作り、金儲けに利用していたことが挙げられます。裁判沙汰になったケースもあります。真面目な霊媒たちは自己防衛のため、身を引かざるを得なくなったのです。

この物理霊媒の時期を経て、知的霊媒・精神霊媒と言われるものに変遷していきます。

Tea Break

イエス・キリストを知らない方はいないでしょう。そして、ちょっとでもその逸話に触れたことのある方は、彼が数々の「奇跡」を起こしたことが、単なる例え話かと思っていらっしゃるのではないでしょうか。

実際にイエスは、偉大な霊能者でした。少量のパンや魚を増やして、5000人もの人々に分け与えた、ということは、彼が「アポーツ」（物体引き寄せ）や「物質化現象」を行ったと考えられます。神と交信し、盲人の目を癒し、ハンセン病（らい病）を治し、傷を治し（スピリチュアル・ヒーリング）、死者を生き返らせたことなど、これらの数々の奇跡は、霊能力の表れ、と解釈できます。そして極めつけの、十字架に掛けられ亡くなってから3日後になされたご自身の復活は、まさに、エクトプラズムによる物質化現象です。

さあ、これを信じるか信じないかは、あなた次第です。

(7) 精神霊媒への移行と物理霊媒への回帰

物理霊媒を介しての検証実験が行われ、〈スピリット・ワールド（霊界）〉や霊的存在がだんだん世に知られるようになってから、そのコミュニケーション方法が変わってきます。

精神霊媒は「メンタル・ミディアムシップ」と言います。物理現象を伴うことなく、自身のマインドを使って〈スピリット・ワールド（霊界）〉との通信を行い、メッセージを伝える者です。

これには「証明」が付き物です。最初には、霊媒が誰とつながっているかを明確にして、そしてそのつながっている霊に関する情報をミディアムが受け取り、それを「証拠」としてクライアントに提示し、クライアントが「あ、それは私のお祖母さんだ」と納得した時点で、その霊からのメッセージを伝えます。

これをエビデンシャル・ミディアムシップと呼びます。前述しましたね。日本語訳すると、「証拠提示型霊界通信」とでも言いましょうか。通常は、霊媒とクライアント、一対一のプライベート・シッティング（セッション）で行います。

亡くなって霊体となられた方が、その地上のクライアントとどういう関係（両親、祖父母、兄弟姉妹、友人等）か、職業、死因、性格、共通の思い出等を証拠としてミディアムに伝えてきます。

もちろん、ミディアムはその亡くなった方を知りません。ヴィジュアルだけでなく、匂い、音でもそういった情報を伝えてきます。例えば、故人はその姿形、性格・職業・死因だけでなく、よく特定の香水をつけていたらその香りが漂ったり、故人が自分の名前や口癖を伝えてきたりします。たまに、カラオケの十八番を伝えてくれる時もあります。

亡くなった方は、肉体をなくした後も生前の個性を持って生きていること、それを地上の人に証明するために、頑張って多くの情報を伝えようとしてくれます。もちろんミディアムの能力にも左右されますが、故人の方はもともと饒舌な方もいらっしゃいますし、シャイな方、温厚な方、冗談が好きな方もいます。生前の個性はそのままです。

いずれにせよ、エビデンシャル・ミディアムシップ（証拠提供型霊界通信）では、「誰とつながっているか」をきちっと証明するのが基本です。

面白いことに、ある著名な英国のミディアムは、元郵便局員という仕事柄、霊界の人に住んでいた時の郵便番号、住所等をエビデンスとするのが得意です。住んでいた近くの通りの名前やパブの名前を受け取ることもあります。ミディアムの経験の引き出しが多ければ多いほど、霊界の人はそれを使いやすくなります。


精神霊媒には、もう一つ種類があります。スピリチュアル・アセスメントとかガイダンスとかいうものです。

これはミディアムが、クライアントをいつも見守っているクライアントの指導霊（スピリット・ガイド）とつながり、そのクライアントの魂の成長に必要なアドバイスをくださるものです。指導霊は通常、霊格が高いため、その波動は細かく、それなりに修行をして経験を積み、それなりの波動を備えたミディアムが行うものです。

指導霊はもちろん肉体がありません。霊的な存在です。でも、このアセスメントやガイダンスに出てくる時、その特徴を表す風貌を見せてくれる場合があります。例えば、ネイティブ・アメリカン、修道女、巫女、戦士、等です。よく「あなたには修道女の指導霊がいるのよ」と言われ喜ぶ人がいますが、本当は、そこはこだわるべきポイントではありません。それは指導霊が見せてくれる数多くの過去生のたった一つかもしれませんね。それよりも、アドバイスやメッセージの内容が重要なのです。

その指導霊は、いつもに私たちに寄り添っています。私たちの生活に何が起きているか、ご存知です。それをエビデンス（証拠）として伝えてきます。もしも、誰にでも当てはまるようなメッセージであったら、ミディアムが本当に指導霊につながっているかは疑問です。

そこでいただく故人からのメッセージも、指導霊からのメッセージも、それはそれは愛溢れるものです。地上のクライアントを気遣い、励まし、勇気づけてくれます。具体的なアドバイスをくれる場合もありますが、それは例えば「いま宝くじを買え」とか「不動産投資をした方がいい」とかの、物質的なアドバイスではないはずです。

Tea Break

よく、イエスやブッダなどの超高級霊とつながっていたり、大天使ガブリエルにつながっている、という霊能者がいますが、本当でしょうか。前述の通り、シルバー・バーチという高級霊は、地上のミディアムより波動が高く、地上のミディアムとの直接の交信が難しかったため、霊界のネイティブ・アメリカンの霊を霊媒とし、メッセージを伝えてきました。そのシルバー・バーチのはるか上の上司がイエスなのです。そう、イエスやブッダは超高級霊なのです。

ということは、シルバー・バーチでさえ難しかった地上の人間との交信を、イエスが簡単にできるのでしょうか？　逆に、イエスとつながれるほど、その地上の霊能者は霊性が高いのでしょうか？「霊界の交信者が誰かを探るのは重要ではない」ということを、モーゼスの指導霊団インペレーターも、高級霊シルバー・バーチも言っています。繰り返しになりますが、有名な名前を語る霊能者がいたら、それは売名行為かもしれませんので、どうぞ注意してください。

また、現代では、ある種の物理霊媒が復活する傾向もあります。例えば、心霊治療（スピリチュアル・ヒーリング）が挙げられます。スピリチュアル・ヒーリングは、ハリー・エドワーズの功績により、英国では法的に認められていますが、残念ながら現代医学の医療行為としては認められていません。実際体験した方はおわかりでしょうが、スピリチュアル・ヒーリングは、身体・心・魂に効果を表します。特に、がんが消滅したり、骨折が治ったりと、実際レントゲンやMRIを撮ったら証明されます。まさに、一種の物理現象といってもいいでしょう。

それにしても、霊界も地上との交信手段をいろいろと勉強しているようで、最近では、Eメールや他のデジタル・デバイスを使ってメッセージを送ってくることもあります。何かを警告するように、突然時計のアラームが鳴ったり、メールが届いたり、音声デバイスが話をしたり、オンラインでセッションしていると、私もクライアントもPCを触っていないのに突然「グッドマーク」が出たりします。ひょっとしたら近い将来、AIが霊界の媒体となる日が来るかもしれませんね。

物理霊媒は、霊的存在に否定的な近代人が五感で確認できる現象で示し、それを科学的に証明してきました。

ではなぜ、すでに霊界の存在を知っているミディアム（霊媒）の間で、いま、物理霊媒回帰が起きているのでしょうか。一部のミディアムは、サークルを作り、定期的に心霊写真をとったり、アポーツを試みたり、テレキネシスを練習しているようです。

もしそれが、ミディアム仲間内の興味本位でしかなく、深い霊界のインテリジェンス（叡智）に触れようという動機がないのであれば、方向性として間違っていると思います。

しかし、この唯物主義の世の中、再び物理現象の科学的検証が以前よりも精度の高い検査機器で行われ、霊の存在を科学的に証明しようという流れなのであれば、それはそれとして、良い傾向ではないでしょうか。

でも、霊界の解明に興味を持つ科学者がいるかどうかが問題ですけどね。

(8) 日本のスピリチュアリズム

① 浅野和三郎と心霊講座

日本でも心霊現象は古くから認識されていましたが、その霊的事象に関する独自の哲学的なものは生まれていませんでした。

ここで、心霊研究の第一人者として、浅野和三郎氏をご紹介します。

1884年に生まれた浅野氏は、東京帝国大学文科大学英文学科で小泉八雲（ラフカディオ・ハーン）に師事しました。日本の「怪談」の研究で有名な方です。

その後、浅野氏は海軍の機関学校で英語の教官を務めていたのですが、心霊研究に専念するために退官して、東京で心霊科学研究会を設立し、欧米の心霊研究の資料も取り寄せながら日本語訳の書籍も多く出版しております。それらの集大成が『心霊講座』でしょう。その『心霊講座』の中には、前述のフォックス家事件、モーゼス、クルックス卿の検証等の他、ご自身の英国訪問の際に体験された、外国人ミディアムによる日本語の直接談話の経験も詳しく書かれています。

1928年、ロンドンで開催された第3回世界神霊大会には日本代表として招待されて出席しました。そこで、コナン・ドイルやアーサー・フィンドレイとも交流し、イギリスで多くの交霊会にも参加しました。

その浅野氏自身は元々霊能者ではなく、逆に他人の霊能を検証する典型的な審神者タイプでした。当時の日本の霊能者を対象にして霊現象の実験をし、またそれを科学的に検証し、それらが事実であることを証明しました。実は、浅野氏の妻である多慶さんは有能な霊能者であり、三浦半島にある小桜神社に祀られている小桜姫や、急逝したご自身の長男との霊界通信をされた方でした。

浅野氏は、審神者的観点から、巫女型霊媒である妻の霊言と霊視を検証し、その研究の成果は、

『霊界通信・小桜姫物語』と『霊界通信・新樹の通信』に詳しく記されています。日本では稀有な霊界通信と言えましょう。

②日本の霊能者たち

もちろん、日本にも多くの霊能者や霊媒が存在していました。浅野氏の研究対象として、何人かの霊能者が挙げられます。

亀井三郎青年は、浮揚現象、直接談話、霊視、物質化等々、あらゆる現象を起こせる霊能者でした。浅野氏は彼を連れて、多くの立会人のもと、壮大な実験会を行いました。

用意された大阪の新聞社の大講堂で、亀井青年は椅子に座り、両手両足、首、腹を縄で括られました。そして暗闇の中でラップ音が鳴り響き、用意されたハーモニカやラッパが浮遊し、光りながら鳴り出し、セルロイド人形が飛び回り、それが30分ほども続いたそうです。終わった後も、亀井青年は椅子に縛られたままでした。

また、別の大阪の実験会では、これまた多くの立会人のもとで、横浜の浅野氏ご自宅の家の表札を引き寄せたこともあります。面白いことに、その表札の釘穴には、生きたままの蜘蛛がいたそうです。つまり、表札と蜘蛛が一緒に、横浜から大阪までアポーツしてきたというわけです。

時は明治にさかのぼりますが、長南年恵さんという非常に稀有な霊能者がいました。彼女は、食事も水も、14年間一切摂りませんでした。また、トイレにも一切行かず、生理もありませんでした。でも、食べてもいないのに、屈強な男たちよりも体力があり、いくつになっても若々しい風貌を保っていました。また、彼女が祈ると、何十本の空の瓶が、その持ち主の体調を整える霊水でいっぱいになり、その方々の病気を治しました。

彼女に詐欺の疑いがかかり監房に入れられ、裁判となったことがありましたが、神戸地方裁判所における公判での裁判長等々の前で、封印された空の2合瓶を霊水でいっぱいにしたことで、その霊能力が証明され、彼女は無罪となりました。公的な裁判記録に載った最初の霊能者かもしれません。

これは単なる一例にすぎません。それ以前には東京帝国大学助教授・福来友吉氏の元で、御船千鶴子、長尾郁子、高橋貞子といった霊能者の検証が行われていましたが、それは、念写、透視の実験に過ぎず、霊的な存在との交流といった側面は確認されていません。彼女らの能力は、おそらくサイキック能力（後述）でしょう。

「スピリチュアリズム」という言葉は、戦前は日本でも「心霊主義」「心霊科学」という和訳で紹介されていましたが、戦後、その科学的研究は途絶えてしまいました。

③ 現在の日本のスピリチュアル・ブーム

西洋占星術をよく学んでいらっしゃる方はご存知でしょうが、前述の通り、いま現在、「風の時代」に入ったと言われ、「目にみえるモノ」を手放し、「目に見えないモノ」に価値を置く時代になったとも言われています。

いままでの一切の思想や観念や宗教、国籍や人種の差異、物質的な価値に影響されない時代なようですが、でも人間自身の欲の問題を常に抱えています。地球の異なる国に住む人たちの資源の奪い合いからくる戦争です。また同じ国においても、富める人、病める人たちがいて、そして経済的、身体的、精神的犯罪を犯す人たちもいます。

そんな中、「スピリチュアル」的な側面がフィーチャーされています。

現代のスピリチュアル・ブームは、米国のニューエイジブームから始まったのかもしれません。一部の人により、自分らしく生きる、自分の魂の声を聞く、霊的存在を認識するといったことが語られ始め、また別次元の存在に注目が集まり、また霊を扱ったホラー映画などもヒットしブームとなりました。

日本では、「見えない力」が運命を司っているかもしれないという、将来を占う西洋占星術をはじめとした占いが女性誌に登場するようになり、そして風水学が流行になり「開運」という言葉がキーワードとなりました。1980年代後半には霊能者がテレビ番組に多く出演するようになりました。

それらはどちらかというと、面白半分に廃墟や病院の跡地などの心霊スポットに行って、「あ、幽霊が見える」とか、「この方は交通事故で亡くなった方ですね」とかコメントします。たまに除霊（浄霊ではない）も行なっていました。テレビ番組中、いきなりライトが落ちたりというハプニングもあり、見ている側もヒヤヒヤ。でも、そこには亡くなった方への敬意や配慮は全く感じられず、ただただ興味本位で作られたバラエティ番組という印象でした。

その後、２０００年代には某霊能者がテレビ番組で毎回霊視を披露していました。この番組は、お茶の間にスピリチュアルという言葉を浸透させた功労者とも言えましょう。

しかし、番組中に行われるゲストの未来や過去生などの霊視に対し、インチキではないかという批判も高まり、本当の理由はよくわかりませんが、２００９年には番組自体が終了してしまいました。確かに、過去生や未来のことは証明できませんから、何とでも言えますしね。残念なことに、唯物論的思考の視聴者層には、スピリチュアルが悪印象に映ったかもしれません。

それにこの番組が放映されてから、本来なら高邁な人生哲学であるはずのスピリチュアリズムが、大衆の好奇心に迎合するような、例えば前世占い、開運占いなどの身近とはいえ若干軽く扱われる傾向になったのは残念ですね。そして、この番組に登場する芸能人や有名人へ恥をかかせてはいけないという配慮からなのでしょう、その方の（証明できない）前世での良い出来事ばかりを述べて、間違っていた行動についての指摘はなかったことです。

でも、そんなことはないはずです。人間誰しも、良いこともしたけど、悪いことも散々してきたし、楽しい人生もあったかもしれないけど、惨めに過ごした人生もあったはずです。それらの両面を経てきたからこそ、いまの魂まで成長してきたのに、あの番組を観た人たちには、「私はどこの国のお姫様だったのだろう？」的な、良いことばかりを夢見させてしまったようです。それが現代のスピリチュアルな風潮につながっているのでしょう。

そう言えば、この番組が盛んになった頃から、巷の占い師がおしなべて、「スピリチュアル・カウンセラー」と名乗るようになりましたね。

そうはいっても、スピリチュアルなものに対する皆さんの興味は途絶えません。大きな書店や図書館に行くと、必ず「精神世界」や「自己啓発」のコーナー、「宗教」コーナーの近くにあります。それらの内容は多岐にわたります。霊能力や自己の潜在能力開発の本もあれば、開運にフォーカスした本、パワーストーン、パワースポット、瞑想、ヒーリング、挙げだしたらきりがありません。その中にはもちろん、シルバー・バーチやモーゼスなどのスピリチュアリズム関連の本もあります。近くには、西洋占星術、四柱推命、タロットカードやエンジェルカードの運勢占い系の本も置いてあります。そして、『ザ・シークレット』のような、「引き寄せの法則」の本も多数あります。

近年では、霊能者や占い師を集めたネット上のプラットフォームも多数存在し、アドバイスが欲しい人々がお気に入りの霊能者等にコンタクトを取り、特にコロナ禍以降、オンラインでセッションを受けることもできますし、霊能力を開発する講座も多数存在するようになりました。新たなブームの始まりなのかも、です。単なる霊能力だけでなく、ぜひその背後の哲学（霊的真理、フィロソフィー）も知っていただきたいと切に思います。

浅野和三郎氏に影響を受けた英文学者・翻訳家の近藤千雄氏（2012年没）により、『シルバー・バーチの霊訓』を含む何十冊ものスピリチュアリズム系の図書が書店に多く並べられていましたが、残念ながらいまでは、出版社の廃業や他のスピリチュアル系に押されて絶滅状態のようです。でも、私たち日本人が、英語で書かれた霊界の情報や霊的真理に日本語で触れられるのも、近藤氏の功績なくしては語れません。

④開運ビジネス

「見えない力」への人々の関心は、それを利用して「運」を上げる、つまり自分が他者よりも良くなるということと、いまの自分を良い方向に打開することに向かっていっています。また、自分で考え、行動するというよりむしろ他力本願になり、何か上手くいかなかった時は人のせいにできる逃げ道を持つ方も多いものです。

非常に残念ながら、その「スピリチュアル」な、目に見えない力を利用して、自分の「運」を上げようというセミナーは大流行りです。

金運、仕事運、恋愛運、結婚運、健康運……。なぜ「お金」が欲しいのでしょう。より良い生活をするため、と答えが多く返ってくるのでしょうが、では、何が「より良い」生活なのでしょうか。年に何回も海外旅行をすることでしょうか。それとも、毎日高級料亭や焼肉屋、寿司屋に行くことでしょうか。高級ブランドのバッグや洋服を買うためでしょうか。それとも高級外車を買いたいですか。

　これは仕事運、恋愛運、結婚運でも然りです。仕事が上手く回るとお金が手に入ります。地位や名声も得ることができるかもしれない。また、良い恋愛や結婚で、資産家のご主人と巡り会えるかもしれません。

　何万、何十万円も支払ってセミナーを受講して、そんな運を手に入れたいという方が大勢います。そういう開運ビジネスのホームページや紹介文を読んでいると、多くの成功例が挙げられています。また、霊能の力を使って運を上げる個人セッションを行っている人もいます。

「お金が欲しい」「良い生活がしたい」と思い、開運セミナーに参加したり、開運方法が書かれた書籍を読んで実行して、実際に運が上がったという例もあります。

　それは、自分の想いの波動がそれを引き寄せたからです。もうおわかりだと思いますが、「運」は、結局は自分自身の波動の問題です。自分の波動、自分の霊体の波動、自分の霊格、これが上がると、必然的に同様の波動のものが近寄ってきます。欲の波動には欲の波動が寄ってきます。

　ご承知の通り、物質的な世界で通用する金も名誉も、霊界には持っていくことができません。霊界での立ち位置を決めるのは、本来の自分の波動です。人格・霊格の波動です。

　もちろん、この時代に暮らすにあたり「お金」は必要です。家賃、光熱費、教育費、医療費、税金、携帯電話代、その他諸々。それに、人間はストレスを抱えて社会生活をしていますので、趣味や娯楽などの息抜きも必要になってくるでしょう。正社員で働いている人も、派遣社員で働いている人も、季節労働で働いている人も、職が見つからなくて雇用保険や生活保護で暮らしている人も、います。東京や大阪など大都市で暮らしている人と郊外や農村で暮らしている人と、そもそもリビングコストは違います。

あなたは、どれだけのお金が必要ですか？　そして何のために必要ですか？

私は、決して開運ビジネスを否定しているわけではありません。それが必要な人もいます。けれど、魂の永続性を考えると、この世での一時的な金運という自分の欲（利己愛）が、かえって霊格の向上を妨げる場合があります。「いまが良ければそれでいい」という方は、どうぞこのまま「開運」の道へお進みください。

⑤見えないものとのチャネリング

チャネリングとは、見えないものとつながり、そこからのメッセージを受け取ることを言います。チャネラーたちを観ていくと、いろんな「何か」とつながっていると言われます。大天使ミカエルとか、宇宙人だれそれとか。イエスやブッダとつながっているという人も多くいます。または、天照大御神、龍神様、等々も人気です。でも本当に彼らとつながっているのでしょうか？

概ね、そのメッセージは、誰にでも当てはまる一般的なものであったりします。「自分がワクワクするものをしよう」「自分を大切にしよう」だったりです。これを自己満足や利己愛的に解釈するのは間違いでしょう。この宇宙の真理や調和は軽視されており、個人主義の世の中にぴったりなメッセージだったりします。

何度も言いますが、『シルバー・バーチの霊訓』や『モーゼスの霊訓』等を読む限り、そのような高級霊は、地上の人との交信は非常に困難だと言っています。

もしかしたらイエスやブッダ、大天使ミカエル等といった高級霊とつながれる霊格の高い霊能者もいるかもしれません。でも、シルバー・バーチやインペレーターでさえ、自分の地上の名前を名乗りませんでした。では、なぜ彼らは、イエスやブッダといった高級霊を名乗るのでしょう？　そして利己愛を増長するものなのでしょうか。

そうはいっても、こういったスピリチュアル・ムーブメントは、「神」の計画の範疇かもしれません。有象無象のスピリチュアル・ブームの中で、本物に出会える人、そしてそれを見極めて、人々に啓蒙していく地盤を、いま創っているのかもしれません。

利己主義的かつ物質的な「スピリチュアル」なムーブメントと、それを超えた精神的な生き様を説く他者愛主義的「スピリチュアリズム」。この2つの相反する概念が現代に拮抗しだしたのも、「風」の時代だからか、そしてこれも《神》の計らいか、と思わずにはいられません。

第11章

スピリチュアルな能力と呼ばれるもの

いままで、スピリチュアリズムの七大綱領とその人間哲学の大きな枠組みを見てきました。《神》の存在と、宇宙や地球、人間の形成、そして人間に与えられた永遠なる「魂」の旅程。死後に訪れる霊界はその魂の霊格のレベルによること、そして訳あってまた地上に戻るということ。

それを示してくれた先人たちの歴史と《神》の計らい。それらはすべて、私たちの霊的成長の旅路なのです。

本章は、私たちが霊的存在であることを実証するための、その能力と開発の話です。

(1) 霊能力者の種類

霊能力を欧米では、2種類に分けます。生きている人のオーラから情報を読む力と、霊とつながって情報を得る力とです。日本語では一般的にそうした能力を持っている人を「霊能者」と呼びますが、欧米では、前者を「サイキック」、後者を「ミディアム」と呼びます。日本では、その区別は曖昧です。では、詳しく見ていきましょう。

①サイキック

霊能者と呼ばれる人のうち、サイキックとは、クライアントのオーラの情報等を読む人を指します。よく当たると言われている優秀な占い師は皆、素晴らしいサイキックです。自覚されておらず、自然とその力が身についている方もいます。どこから情報を取っているのか自覚されていないがために、自分には天賦の力がある、大きな力があると思っていらっしゃる方もいます。

オーラの中には、その人の過去・現在のすべての情報が入っていますし、それだけではなくクライアントの近い未来への「願望」も入っています。良いサイキックであれば、クライアントの求める「答え」をオーラの中から読み取るのは簡単ですが、それがオーラのどの部分からの情報なのかを明確に区別されている方は少ないでしょう。いずれにしても、一般的に「当たる占い師」と言える人々は、サイキックです。「あなたの周りにはピンク色のオーラが観えます」など、そのオーラの情報を「色」で捉えて解釈される方もいますね。

実は、私たち皆、サイキックです。誰でも他の人のオーラを感じることができます。

例えば、子供や夫が家に帰ってきて、何だか様子が違うと感じたことはありませんか？　それは、彼らのオーラから何か気になるものを感じたということです。先生や上司に叱られたとか、褒められたとか。また、良い経験、悪い経験をしたとか。

これは、オーラの読み方に慣れていれば、詳細がわかる人もいます。占い師さんたちは、ほぼこれができるでしょう。感情だけでなく、より具体的な視覚で読み取れる人もいます。

私の師はよく、「良いミディアムは良いサイキックであり、この訓練は欠かせない」と言っています。それはなぜでしょう？

ミディアムは霊界の住人とコンタクトを取り、エビデンス（故人を特定する証拠）をもらいますが、その情報を、受け取り手（クライアント）のオーラの情報と照らし合わせて答え合わせをします。逆に、「良いサイキックは良いミディアムか」というと、そうではありません。なぜなら、一般的にサイキックは霊界の故人からの情報を積極的に取らないからです。

サイキックの中には、過去生を読む方も少なくありません。中には、〈アカシックレコード〉にアクセスできると言っている方もいます。

私たちのオーラには、魂のすべての情報が入っているということはお話ししました。過去の情報が入っていてもおかしくありません。

アカシックレコードとは、一説には、宇宙の始まりからのすべての記録、つまりデータベースのようなものと言われています。実は、アカシックレコードという言葉は、19世紀後半から20世紀初頭にかけてのマダム・ブラヴァツキーの起こした神智学やそこから派生したルドルフ・シュタイナーの人智学で語り始められたもので、その影響を強く受けたエドガー・ケイシー以降、アメリカ

図：私たちはどれだけ宇宙の真理にアクセスすることができるか

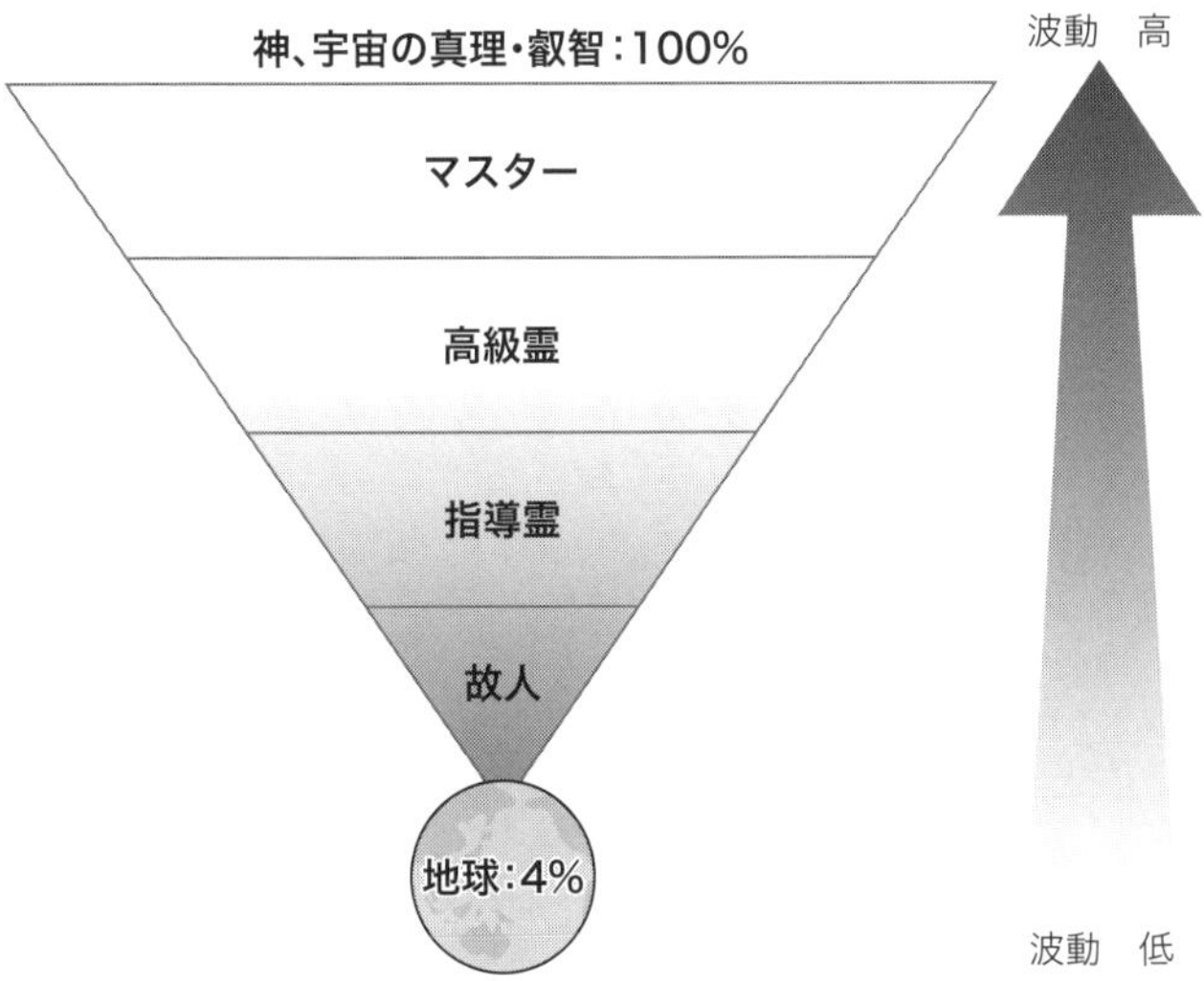

のニューエイジ運動にも影響を与えたものです。

宇宙の、そして自分の魂の軌跡すべての情報にアクセスできたら、すごいですね。そして自分の過去生でカルマとなった出来事や、今世の魂の目的、そして起こりうる未来のことを知ることができたら、毎日どんなに生きやすいでしょう。

でも、ちょっと待ってください。《創造エネルギー・通称〈神〉》がこの壮大な宇宙・世界を創りました。そして私たち霊的存在の大先輩である高級霊や指導霊は、私たちよりはるかに霊性が高いとはいえ、神の域に達しているわけではなく、いまだ修行の身です。高級霊や指導霊は、そのレベルにより宇宙の全情報の一部にアクセスすることができますが、高級霊でさえ知り得ない宇宙の全データベースに、波動の粗い地球人がアクセスできるものでしょうか？　もしアクセスできるとしたら、それには限界があるはずです。高級霊を使って霊界通信を行いアクセスするとしても、全宇宙の叡智には到達できないでしょう。

では、自分の過去生についてのアカシック・リーディングはどうでしょうか。

過去生でのカルマの話は前述のとおりです。

例えば「過去に自分が相手に対して家庭内暴力を振るったというカルマの解消に、いま相手から家庭内暴力を受けているのだ」という原因をリーディングできたとしても、それを証明することはできません。

また、起こりうる未来は本当に知ることができるのでしょうか。

「将来、スピリチュアル・ヒーラーになって多くの患者を癒すのが今回の魂の目的であり、そうなるようレールが敷かれている」と言われたとしましょう。でもスピリチュアル・ヒーラーになるにはある程度の努力が必要であり、その努力をしなければ、そういった未来は訪れません。また、事情があり、ヒーラーの道よりも学校の先生になる道を選ぶかも知れません。

神は私たちに「自由意志」を与え、そして「自己責任」の原則で、私たちは自分の進む道を選択します。そして人生は原因と結果の積み重ねです。それが未来を変えます。

全宇宙の情報、自分の過去の情報には、誰しも興味があるでしょう。でもどうしてその情報が知りたいか、その動機を自身に問うてみてください。

②霊媒・ミディアム

故人、つまり肉体での生活が終わり、〈スピリット・ワールド（霊界）〉に旅立った魂（スピリット）と、地上に残された肉体を持った人との、通信・コミュニケーションのお手伝いをする人のことを、霊媒、英語ではミディアム（仲介者）と言います。この地上と霊界という2つの世界をつなぐ役目の、中間に立つ人という意味です。

例えば、日本でいうと、恐山のイタコ、沖縄のユタなども、その一種と考えられています。ちょっとやり方は違うようですが、それは後述するとして、古くは、邪馬台国の卑弥呼が、その巫女（シャーマン）的能力を用い、国を統べていたと言われています。

第三綱領の前段「霊界と地上界の間に霊的な交わりがあ」る、を証明するのがミディアムシップ（霊界通信）であるのは、もうおわかりですね。

ミディアムは、肉体の五感だけでなく、霊的な五感と第六感を使って、霊界の故人のエネルギーとつながります。この場合、ミディアムは自分の思考（マインド）を小さくし、自分の中にある純粋な愛のエネルギーを広げ、故人の繊細なエネルギーの中にある「地上の愛する人に対する想い」をその証拠とともに感じ取ります。

サイキックは信じても、ミディアムは怪しい、と思う方も多いでしょう。実は、両方とも魂・オーラにアクセスするということでは同じですが、違いは、その相手方に肉体があるかないか、なのです。肉体のない魂のエネルギーは、肉体がある魂のエネルギーよりも繊細で、アクセスするには練習が必要です。生まれつき繊細で霊を見る方もいますが、セッションとして成立させるには、正しく故人とつながり、証明し、どうメッセージを受け取り、そしてそもそも、双方向のコミュニケーションの「本当の目的」というのを理解する必要があります。

前述の歴史の項で、戦前の物理学者たちは霊的存在を科学的に実験し、証明してきました。戦後では、残念ながら科学的権威による証明というのは聞いたことはありません。

では、それが事実であるかをどのようにして証明するか？　そこが問題になってきます。これが後述の「エビデンシャル・ミディアムシップ」というものになります。

(2) 様々な霊能力

サイキックやミディアムなどの霊能者だけでなく、人は皆、霊能力を持ち合わせています。もちろんその能力の程度は人それぞれですが、霊能力には、次のようないくつかの種類があります。

霊視（クレアヴォイアンス）

「視る」能力です。これは、オーラの中の情報やスピリットが送ってくる情報を「視覚」で捉えるというものです。実際、本当にフルカラーではっきりと、いまここにあるかのように見える方もいますが、大抵の場合、サードアイ（第三の眼）チャクラやハートチャクラあたりでイメージやインスピレーションで、その画像を受け取ります。サイキックの場合は、オーラの中から、クライアントの体験した過去の出来事や過去の持ち物、出会った人物等が浮かび出されます。ミディアムは、故人の容姿や、故人がインスピレーションで送ってくるものを受け取り、それをマインドの中で画像化します。

霊聴（クレアオーディエンス）

「聴く」という能力です。クライアントや故人に関連する「音」を感じます。例えば故人が好きだった音楽であったり、また、人の名前、場所の名前だったりする場合もあります。ミディアムの場合は、故人とクライアントに関連することが聞こえてくる場合があります。例えば、故人がクライアントを生前の呼び方で呼んだり。かなり昔の話ですが、ミディアムシップのセッション中、故人の方のカラオケの十八番が聞こえてきたこともありました。

霊感（クレアセンティエンス）

「感じる」という能力です。一般的に霊感というと、霊や何かおどろおどろしいものを感じる能力と誤解されがちですが、霊能力で「霊感」というのは、感情を感じる能力を言います。サイキックの場合はオーラの中に潜むクライアントの感情を感じます。ミディアムの場合は、故人の想いを感じることが多いです。例えば、感謝の気持ち、嬉しい気持ち、申し訳ない気持ち、もどかしい気持ち等です。

霊臭（クレアセント）

「臭う」能力です。ミディアムの中には、故人の匂いに敏感な人もいます。例えば、故人のつけていた香水が香ったり、故人が好きだったお香の香り、コーヒーの香り、病院の消毒液の匂いがしたりします。これも、重要なエビデンスの一つとなります。

私の母は、父が亡くなって数週間経った朝、お線香の匂いを感じて目が覚めたそうです。それが数日続いて、ひょっとしてお隣のお線香かしら……と思っていたところ、実は父の仏壇にお線香をあげるのを忘れていたことに気がつき、それ以降、お線香を絶やさないようにしたそうです。それ以来、朝のお線香の香りで目がさめる、といったことはなくなりました。父は、お線香をあげて欲しかったのですね。

良いミディアムは、良いサイキックでもある

霊界から送られてくる霊視・霊聴・霊感・霊臭等の情報を、クライアントのオーラから得られる情報と擦り合わせて、それが何を意味しているかを解釈します。単に「リンゴ」の画像をキャッチするだけではなく、その「リンゴ」が故人にとってどんな意味があるのか？　そしてそれがクライアントとの共通の思い出にどう関連するかを読み解くのです。

霊能力は、サイキックそしてミディアムの両方が使う能力です。サイキックの情報源はクライアントのオーラのみですが、ミディアムの情報源は故人からの情報とクライアントからの情報を使います。そしてミディアムが得る情報は、身体を無くしても生きている故人の「想い」も含まれます。サイキックとミディアムの使う霊能力とその情報の元の違いがおわかりになったでしょうか。これを混同している霊能者はとても多いです。こればかりは、実際に体験していただくほかありません。

「もしかしたら私、霊能力あるかもしれない」と思われる方もいるでしょう。そう、誰でもサイキックレベルの能力は少しはあります。特にカンのいい方だと、他人の感情をよく感じるでしょう。この能力は、人にもよりますが、練習すれば、より研ぎ澄まされます。良い占い師は、このサイキック能力をフルに活用しています。練習し、その情報がクライアントからか故人からかを見極められないといけません。

(3) ミディアムシップ

一言でミディアムシップといっても、欧米系のミディアムシップは2通りに区別されます。一つは、エビデンシャル・ミディアムシップ、そしてもう一つはスピリチュアル・アセスメントとかガイダンスとか言われるものです。

日本でも、スピリチュアリズムを前提としているスクールでもこの2種類を教えていると思いますが、他の霊能者ではこれを区別していない方もいらっしゃるようです。そもそも誰とつながっているかを明確にできない方もいます。

ここまで読んでくださっている方はもうおわかりでしょう。ミディアムシップは、七大綱領の第四綱領「魂は永遠に存続する」を証明するに過ぎません。この練習だけを行い、プロのミディアムとして活動をされている方が多いのは事実です。その裏に隠された真理、神の計画を理解せずに「木を見て森を見ず」にならないよう、心してこの活動を行うべきです。

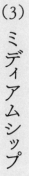

①エビデンシャル・ミディアムシップ

エビデンシャル・ミディアムシップ（証拠提示型霊界通信）では、誰だかわからない人とつながるのではなく、「誰」かを特定します。ですから、目に見えないものしか信じない唯物論者でも、霊の存在を信じざるを得ない説得力のある方法です。

「証拠・エビデンス」とは、故人が霊界に行ってもなお、その魂は個性を持って生きていることの証明になるものです。故人は、いろんな情報をミディアムに伝えてくれます。その故人を特定する情報をエビデンス（証拠）と呼びます。

例えば、故人の性別が男性か女性か。そして、クライアントとの関係性。クライアントの両親・祖父母、兄弟姉妹、その他親戚かどうか。母方の親戚か、父方の親戚か、というのも伝えてくれます。ひょっとしたら、友人知人、職場の関係者、先生かもしれません。

故人の性格も感じられるでしょう。おっとりしているとか、せっかちだとか。無口な人もいればおしゃべりな人もいます。頑固、真面目等、その性格を感じさせてくれます。無口な人やシャイな人は、なかなか情報をくれないケースがあります。霊界に行っても個性は変わりません。

その故人の仕事も伝えてくれることがあります。大きな会社の会社員、小さな会社の会社員、その会社のカテゴリーやその人の職種、例えば営業職なのか、事務職なのか、部下がいたのか。会社員だけでなく、医者、農家、自営業その他、いろんな職種、そしてどんな思いで仕事をしていたかもを伝えてくれます。

また、死因を話してくれる場合もあります。事故や心筋梗塞・脳卒中で突然亡くなったのか、それとも長期にわたり患っていたのか。がんだとしたら、どこのがんなのか。癖や趣味、好きな食べ物も証拠として提示してくれる故人も多いのです。

髪をかきあげる癖、耳をいじる癖だったり、マラソンやジム通い、音楽や映画が趣味だったり、お母さんの作ったカレーライスや煮物が好きだったりとか。そしてそのカレーライスや煮物の特徴も伝えてきてくれます。信心深い方だったら、仏壇を見せてくれたり、またお線香の匂いを届けてくれたりします。

さあ、これだけ「証拠」を突きつけられて「故人の魂は存在しない」と言えるでしょうか？　さすがの唯物論者も、目に見えない故人とミディアムがつながっていると信じてくれることでしょう。

証拠を揃えて、その故人が「この人に間違いない！」とクライアントからの確証を得たら、故人からその方へのメッセージをもらいます。

そのメッセージは、「いままでありがとう。あの時は嬉しかったよ」とか、「いまはもう痛みもなく苦しくもないよ。いまの仕事頑張ってね」等々、とても温かい愛溢れるメッセージを伝えてくださいます。

故人は生前の恨みを伝えにくることはありません。霊界に行って自分の人生を振り返り、反省すべきところは反省し、そして地上の人に愛ある言葉を伝えにきてくれます。これは絶対です。

そして故人は、自分の魂の存在を愛する人に知ってもらって嬉しい、そしてクライアントも故人が霊界で無事に過ごせていることを知って嬉しいとなるミディアムセッションは、双方の魂の愛と癒しのセッションでもあります。

ではこの能力は誰にでもあるのでしょうか。私の答えは、イエスです。亡くなったお祖父様を感じる、お母様を感じる、といったことはよくあるでしょう。夢にも出てきているかもしれません。実は、誰にも感じる能力があります。でも残念ながら、「私にはそんな能力はない」と、自らシャットアウトしてしまっている人もいます。

この能力を開発したい方もいらっしゃいますね。どうやって開発したらよいのでしょう。肉体を亡くした霊の波動は、肉体を持つ私たちよりも繊細です。その波動をキャッチするには、まずは生きている人のオーラを読む練習から始めます。オーラリーディング、いわゆるサイキック・リーディングの練習です。それから、より繊細な霊の波動を受け取る練習をします。その能力開発の講座は日本にも海外にもありますし、私もその機会を提供していますので、そのいずれかに通うのも一つの手でしょう。

もちろん、最初から霊体の波動をキャッチできる方もいますし、そこまでいくのに数年かかる方もいます。これればかりは、神の思し召しです。どのタイミングで霊能を開花させるかは、すべて霊界が判断することなので、私たちにはどうすることもできません。また、早く能力に目覚めたとしても、その後いろいろと苦労されるかも知れません。何年も頑張って努力して、辛い思いをした末に能力を得た方は、その間の経験がきっと必要だったのでしょう。

当然ですが、ミディアムシップの能力を身に付けたいという「動機」が重要になってきます。純粋に霊界と地上の人を癒したいという動機と、単に良いミディアムであるという名声や金儲けという動機との、どちらを《霊界》がサポートするかは一目瞭然ですね。

でも、サイキックの能力がある、ミディアムシップの能力があるというのは、別に人間の優劣を決めるものではありません。能力があるからエラい、というわけでは決してありません。そのお役目が与えられているだけです。それは、過去のカルマにも関連しているのでしょう。一般の人やクライアントは、ミディアムを特別視するかもしれませんが、これは今世における一つの才能であり、この能力は遅かれ早かれ、誰にでも発揮されるものです。その時は、今世ではなくて来世かもしれませんが……。

人を助けたい、サポートしたい、という純粋な気持ちが強ければ、早く開発されることでしょう。

②スピリチュアル・アセスメント、スピリチュアル・ガイダンス

スピリチュアル・アセスメントやガイダンスとは、ミディアムがクライアントの指導霊とつながって、その方の魂の成長度合い、今後の魂の成長に必要な助言を得ることです。

指導霊は、クライアントの現状、いまやっていることをサポートする霊です。一般の故人の霊よりも経験値が高く波動が高いため、通常はプロのミディアムによりそのセッションは行われます。指導霊も魂の存在で、もちろん肉体はありませんし、いまは光の存在なのですが、よく生前の姿、またはメッセージ性を含んだシンボルのような姿で現れてくれます。例えば、修道女や修行僧、ネ

イティブ・アメリカン、ギリシャの哲学者、ローマの戦士、巫女、等です。たまに、イエス様、マリア様に似た風貌の方も見られます。

ここで大事なのは、見かけではないということです。指導霊は、私たちのやっていること、やりたいことに共感して、サポートしてくれています。その特徴を表すため、そういった風貌で現れてくれています。地上にいた頃はそういう格好をしていたのかもしれませんし、あるいはそうじゃないかも知れませんが、風貌の表すような活動をしていた可能性が高いです。

例えば修道女の格好をして現れてきてくださった場合、何をサポートしている修道女だったのか、孤児なのか老人なのか、何と戦っているローマの戦士だったのか、どんな戦い方をしてきたのか、どんな想いで戦っていたのか、何を勉強していた哲学者だったのか、そこまで突っ込んで、その指導霊を見極める必要があります。

そして、ここでも、「証拠」が重要となります。

指導霊、スピリット・ガイドは常にクライアントを見守っているため、クライアントを熟知しています。証拠として、「こういうことがありましたね」「こんなことで悩んでいますね」とか「こういうことをしていましたね、悩んでましたね」という証拠を提示してきます。クライアントとしては、「何でこんなこと知っているの?」と感じるでしょう。

でも指導霊は、いつもちゃんと見ています。これが、証拠・エビデンスです。ミディアムはもちろんクライアントのオーラから情報を取ることができますが、そのオーラから読み取れる以外の深い情報が入ってきます。

それに、指導霊とのセッションでは、「あなた、ここがダメね」とか、「こうしなさい」というコメントは聞いたことがありません。指導霊はいつも優しく穏やかに、そのクライアントの魂レベルに応じたアドバイスをくださいます。初心者の方には瞑想方法を伝えてくれることもあります。

指導霊は、私たちよりも深く、宇宙の法則を熟知しています。あれをしろ、これを選択しろといった、私たちの「自由意志」を奪うことは決してありません。その代わり、私たちがどんな選択をしても、全力で応援してくれています。

ここで気をつけなければならないのは、まずどんな指導霊とコンタクトしているかということです。「イエス様とつながっています」「大天使ミカエルとつながっています」などというのは要注意です。なぜなら、前もご説明した通り、彼らの波動は私たち地上の人間がつながるにはとても無理なくらい高いものですし、彼らレベルになると、名乗らなくてもその高邁なメッセージの内容を重視してほしいという願いが先に立つためで、これは高級霊シルバー・バーチや『モーゼスの霊訓』のインペレーター霊が語っている通りです。でも地上のミディアムの中には、1億人に1人は、あるいはそういった素晴らしい霊性をもっているミディアムもいるかもしれませんので、そのことについて否定はしません。

次に気をつけなければいけないのは、そのメッセージの中身です。そのメッセージが誰にでも当てはまるようなものであったら、ひょっとしたらその人のオーラからサイキック・リーディングをしているだけかもしれません。霊界の真理を学んでいないミディアムは、このあたりに気づいていない方も多いです。

高級霊であればあるほど、名乗りません。メッセージの内容で勝負です。イエスとか高級霊とつながっています、っていう宣伝も必要ないです。イエスとか何某という高級霊からメッセージをもらいました、というクライアントは、内容よりもその名前で浮かれたりします。そして、それを信じます。それに頼ります。本末転倒です。なぜなら、その言葉を信じ、自分で人生を切り開く「自由意志」や「自己責任」の原則は奪われてしまっているからです。そして、傾向として、高額を徴収される方も多いと聞きます。

また、世の中には、チャネリングといって、よくわからない（証明のできない）霊や宇宙人とつながってメッセージを取る方もいます。そんな場合、私はまず、低級霊を疑ってみます。人を惑わす低級霊の一部は、高級霊のフリをするケースが非常に多いからです。

つまり、そこそこのエビデンスを出し、そしてそこそこのアドバイスで成果を出し、かなりのエビデンスを出して、かなりの近未来予言をしてきます。そうやってクライアントの信用を得ます。するとクライアントはそのミディアムを信用し、人生の節目節目にアドバイスを求め、「自由意志」を奪われます。また、そのミディアムが「よく当たる」と、口コミで宣伝したりして、余計にカモが増え、ミディアムにお金が流れます。ミディアムは、お金と名声を得るわけです。私としては、そのミディアムはカルマを作っているだけのように思えます。

私たちには《神》から与えられた「自由意志」があります。そして第五綱領「自己責任」があります。それを他力本願にしてしまうのは、本筋に反します。その人の自由意志を奪って、指導霊の名を騙り、「ああしたらいい、こうしたらいい」と言うのは、神の計画に反します。メッセージをもらっても、それに従うかどうかは自分次第です。自分の心に魂に、よく聞いてください。メッセージをもらう場合は、どうぞ、誰からなのか、そしてその内容をしっかり確認してください。

Tea Break

霊能者に自分の運勢を聞く方がよくおられます。将来どうなりますか？　結婚運はどうですか？　転職先は大丈夫ですか？　等々です。でも本物の霊能者は占い師ではありません。私のイギリスの先生は、そんな人が来たら、「占い師のところに行ってください」と言ってお帰りいただくそうです。
スピリチュアル・アセスメントやガイダンスでは、基本、その方の霊性に関することを指導霊がアドバイスくださいます。例えば、ミディアムシップ初心者の場合、ちょっとの時間でも瞑想してみてくださいとか、何かヒーリングに関する勉強を始めたらいいとかです。よっぽどその出会いがその人の人生を左右する場合以外は。「あなたは6カ月後に大事な人に出会います」とはなかなか言いません、
でも、たまに、そういうメッセージをくれる場合は、その人にとって大事な転機になる場合が多いのです。

もしそういうアドバイスをもらったら、一応心に留めておいてください。でも、そのアドバイスは、セッション時点で想定されるものであり、セッション後に思いがけないことが起こった場合は、そうならない可能性があります。

人は毎日、小さな選択をしながら生きています。アセスメントの時点で、そういうことが起きる可能性がある、というだけで、日々の選択により、違った結果になる可能性もありますが、ひょっとしたら、本当に運命の人に出会うかもしれないし、出会わないかもしれません。

すべて自己責任と因果律の原則が働きます。この世の中、宇宙の法則は実に上手くできています。

③マグネティック・ヒーリング

昔から「手かざし療法」というものが存在し、その古くは古代エジプトでも行われていたことを示すパピルス（古文書）が残されています。それによると、失明した男性の視力が回復したり、不妊の女性が妊娠したり。また聖書にはイエスが行った手かざし療法は前述したように、新約聖書には、ハンセン病（らい病）を癒し、失明者を回復させ、死人まで蘇らせたと記載されています（これは実はスピリチュアル・ヒーリングなのですが）。

その後、キリスト教系聖職者の間でも、この手かざし療法は秘蹟と同じに扱われ、仕事の一部とされました。その後、ヨーロッパ諸国の国王たちも癒されたこの治療法は、残念ながら懐疑的な英国王ウィリアム四世によって廃止されました。彼の統治時代は、フォックス家事件のあった11年前に終わります。

18世紀終わりにメスメルというヒーラーが、治療者の手と患者の間に生体磁気的性質を持つ微細な生命エネルギーが流れると説きました。その後、１９６０年代に、グラッド博士は手かざし療法のエネルギーが水に貯蔵可能であることを立証しました。人間の身体のおよそ60％は水で構成されています。その後、多くの学者たちが、治療者・ヒーラーの出すエネルギーを磁気検出装置を使い測定し、証明してきましたが、あまり世間には認知されていません。

その生体磁気治療、いわゆるマグネティック・ヒーリングの代表選手は、「レイキ」というものでしょう。レイキは「霊気」と書きます。海外では非常にポピュラーで、市民権を得ているヒーリング手法です。私もシンガポールで習得し、「レイキ・マスター」となりました。スピリチュアル・ヒーリングを学んだいまは、全く使っていませんが……。

レイキは20世紀初頭、日本人である臼井甕男氏が京都・鞍馬山で21日間の断食瞑想後に会得した手法です。非常に神聖に取り扱われ、当時、マスターレベルに行くには家が一軒立つほどの授業料を払わなければなりませんでした。誰にでもできる、と謳いながらも、最終的な段階まで行く人は、高級将校、お金持ちだったのです。

臼井氏の死後、その直接の最後の弟子から治療を受け感銘を受けた日系ハワイ人がこのレイキをハワイに持ち帰り、そこから全世界に広まったのです。残念ながら、日本では戦後の混乱もあり、レイキ療法のような民間療法は禁止されましたが、海外からの逆輸入という形で、現在、日本国内でも発展しています。これを西洋レイキと呼ぶ方もいますが、臼井氏の最後のお弟子さんの末裔が京都で直伝霊気というものを教えておられ、海外からも多くの生徒が受講しているようです。

では、その生体磁気的治療・マグネティック・ヒーリングとはどのようなものでしょう。

ヒーラーから発せられる微細エネルギーは磁気的性質を帯び、それが患者の体の中に流入し、治療的効果が表れるということを、グラッド博士はマウスを使って実験し、ミラー博士は植物の種子の発芽率を使って実験・検証を行いました。また、スミス博士は体内酵素に対する作用を、クリーガー博士はヘモグロビンに対する影響を検証しました。

レイキのエネルギーは、宇宙からのエネルギーと言われています。さて、それは一体どのようなものでしょう。

レイキ・ヒーリングの講座では、講師によりアチューンメントという儀式を受け、高次元の意識とヒーリングエネルギーの源とのつながりを作り、ヒーリングの時に使う「シンボル」を学びます。このシンボルを使うと、誰でも簡単にでき、訓練も集中も不要です。そして、自分にもセルフ・ヒーリングエネルギーを送ることができます。レイキ・ヒーラーの中には、有効な遠隔ヒーリングを行うことができる人も多いです。遠隔ヒーリングとは、例えば東京にいるヒーラーが、大阪や海外にいる患者のヒーリングをするということです。

西洋医学と代替療法を知るリチャード・ガーバー博士の検証によると、マグネティック・ヒーリングは、物質的な肉体、およびエーテル体に作用すると判断しました。でも、病気の究極的な原因がかなり高いエネルギーレベルに由来している場合、マグネティック・ヒーリングは長い目で見た時の治療効果は期待できない、と結論づけました。

スピリチュアル・ヒーラーの中には、それ以前にレイキ・ヒーリングを学んでいる方が多いです。スピリチュアル・ヒーリングを学んでなお、いまだにレイキ・ヒーリングを行っているとクライアントに言っているという事実も大変多いです。これはなぜでしょう。

やはり、「スピリチュアル」という言葉の曖昧さからくることが多いと感じます。訳のわからないもの、怪しげなるもの、そういうことに関わっていないとクライアントにアピールする意味もあるのでしょう。「レイキ」の方が、世界的に市民権を得ているのが事実ですから、自分が怪しいものではないかのように「レイキ」の看板を前に出しながら、裏でスピチュアル・ヒーリングを行い、成果を出す。果たして、スピリット・ドクターたちはこのようなヒーリングに積極的に力を貸してくれるでしょうか。

私の個人的な見解ですが、スピリチュアリズムにおけるスピリチュアル・ヒーリングは、ある意味、啓蒙的な要素があると思っており、それを目先の成果や自分の名声にとらわれ、スピリチュアリズムを名乗らないのはいかがなものかと思います。そういった意味で、「レイキ」を名乗る限り、いくら陰でスピリット・ガイドにヒーリングをお願いしても、その力には自ずと限界があるように思います。

④スピリチュアル・ヒーリング

心と身体と魂は密接に関連しています。現在の体調不良・病気の原因の50％以上は、ストレスという心因性のものであるというデータも出ています。

私たちの身体の臓器は、それぞれの波動を持っています。腎臓は腎臓の波動、肝臓は肝臓の波動、肺、心臓、その他、各臓器は健康な状態で固有の周波数を持っています。体調が悪い、特に肉体の特定箇所の調子が悪い時、該当する箇所の「色」や「音」に該当する周波数を与えると、その部分が波動に共鳴し、調子が良かった時の波長を思い出し、不調が良くなると言われています。

世の中にはエネルギー・ヒーリングと言われる手法があります。前述のレイキや気功といった「マグネティック・ヒーリング」と、霊界とアクセスし人間が到達できない霊界の叡智を使った「スピリチュアル・ヒーリング」です。これも波動を使い、ホリスティックな人間（身体、精神、感情、魂）を癒す手法です。

スピリチュアル・ヒーリングとは、霊界のヒーリング・ガイド（スピリット・ドクターともいう）とコンタクトを取り、クライアントの身体的・精神的・感情的・魂的に必要なエネルギーを送って癒します。

心霊医療や心霊手術においては、末期がんを消滅させたり、関節や骨の異常を正常に形成したりする例が多く見られます。有名なところでは、英国のハリー・エドワーズです。彼はスピリチュアル・ヒーリングが英国で認められるよう尽力し、現在英国では、認定ヒーラーは病院でのヒーリングが可能となり、ヒーラーには保険が適用されます。ブラジルやフィリピンでも、心霊手術をするヒーラーが現在でもいます。

ガーバー博士は「スピリチュアル・ヒーリングの治療家は、瞑想を通じて『神の力』に自分の意識を同調させ、意識的に患者にエネルギーを投射していく」と表現しています。またスピリチュアル・ヒーラーは、「自分は高次の源からくるエネルギーの『媒体』もしくは『通路』になっているだけだと表現することが多い」と表記しています。

そのスピリチュアル・ヒーリングは、簡単にいうと、ヒーラーを常にサポートしている治療霊団・ヒーリング・ガイドのエネルギーに同調し、患者の心身・スピリチュアルなレベルのエネルギーを送るものです。患者に必要なエネルギーを、ヒーリング・ガイドが調合してくれる、カスタマイズしてくれる、私はそう説明しています。

それがマグネティック・ヒーリングと違う点は、ヒーリング・ガイド、つまり霊界の介在です。彼らは地上に生きていた時も、医者・医療関係者・ヒーラーでした。三次元の科学および身体では知り得なかったであろう治療方法が、霊界の四次元、五次元、それ以上の次元に存在します。

肉体を亡くしたヒーリング・ガイドたち（生前の医療従事者等）は、地上の肉体を持って理解できる知識より高度なレベルの知識にアクセスをし、患者に適したエネルギーを送ることができるのです。それが、マグネティック・ヒーリングでは得られない高次の波動のエネルギーとなり、患者のエーテル体、アストラル体、メンタル体にまで、つまり身体・心・魂にまで影響を及ぼします。ですから、優秀なスピリチュアル・ヒーラーのヒーリングは治療効果が高く、マグネティック・ヒーリングよりも永く持続します。

残念ながら、この分野における医学的論文を、私はまだ見つけることはできていません。しかし、スピリチュアル・ヒーリングの権威、ハリー・エドワーズはそれをデータとして実証し英国医学会に認めさせ、英国での市民権を得ています。また日本でも、故・山村幸夫氏や現存の多くのスピリチュアル・ヒーラーたちも、末期がんの治療を含め、何千症例もの多くの実績を上げています。

では、スピリチュアル・ヒーリングはどう行われるのでしょうか。

実は、誰にでもできる、そう私は信じています。「私はそんな能力ないから」と、自分でその能力を否定される方も多いですが、自分で自分の能力を否定するなんて、何てことでしょう。神・宇宙の創造主は、皆に平等にその能力を与えています。気づくか気づかないか、正しく訓練するかしないかの差です。もし、誰かを癒したい、そんな気持ちがあるのであれば、ぜひ挑戦してみてください。

誰にでもできる、と私は言い切ってしまいました。誰にでもできます。ただし、もちろん条件があります。

スピリチュアル・ヒーリングは、何のテクニックも、シンボルも、特殊なアチューンメントも要りません。必要なのは、癒したいという気持ちと、ヒーリング・ガイドへの信頼、そして練習です。

これはもう、何回コースの講座に出て、そこでもらった「ヒーラー」の証明書や修了書で計れるというものではありません。一生のトレーニングです。一番簡単で、一番難しいのです。私の通っている英国AFCでも定期的にスピリチュアル・ヒーリングコースが設けられています。世界各国のスピリチュアル・ヒーラーたちは、そのコースに出て、より深くスピリット・ドクターたちと、霊界と、つながる練習をします。終わりのない訓練です。

英国では近年、スピリチュアル・ヒーラーのことを、スピリチュアル・ヒーリング・ミディアムと呼ぶようです。つまり、霊界のヒーリング・ガイドたちと患者さんをつなぐ者、という意味です。私の知り合いのスピリチュアリストも「私は霊界病院の受付係です」と言いながら、ヒーリング活動をしておられます。

ミディアムシップは、故人・指導霊の情報を取りに行くので、アクティブ（能動的）・ミディアムシップと呼ばれますが、ヒーリングの場合は純粋に霊界のエネルギーの媒体になりますので、パッシブ（受動的）・ミディアムシップとも言われています。ヒーラーは、ヒーリングを受けたい人の身元を特定したら、ヒーリング・ガイドたちにおつなぎし、あとは彼らにお任せします。

ヒーリングの中でも、「トランス・ヒーリング」というものがあります。ヒーラー自身がトランス（変性意識状態）に入ってヒーリングを行うものです。これは実は、最強のヒーリングだと、私は思っています。そうは言っても、完全なトランスに入れるヒーラーは非常に少ないでしょう。

トランスに入ると、自己・エゴというものが最小になるので、ヒーリング・ガイドたちがスピリチュアル・ヒーラーを使いやすくなります。この人、肺が悪いんだろうな、心臓が悪いんだろうな、膝が悪いんだろうな、というヒーラー自身の思考・認識から解放され、ヒーリング・ガイドたちは、必要な箇所に、その不調の本当の原因にヒーリングエネルギー、つまり霊界の愛と癒しの光を送ることができます。首が悪い、肩こりがする人には、その箇所ではなく、腰にエネルギーがいくかもしれません。肺が悪いかもしれないという患者さんには、その悲しみという感情にエネルギーが注がれ、患者さんは自然と癒しの涙を流すこともあります

トランス・ヒーリングの場合は、ヒーラーの脳波をα波からθ波まで落とします。眠る直前です。その意識がα波まで浮上する時、ドクターたちからのメッセージをもらうことが多いものです。例えば、右の腰が悪いですよ、目の調子が悪いようですね、血液の循環が悪いですよ、等々です。θ波の時のヒーラーは、ほぼ「無」です。そして、ヒーリングの終わりに意識が現実に戻る過程で、ヒーリング・ガイドたちはいろんな情報をくれます。

間違ってはいけないのは、スピリチュアル・ヒーリングの最中は、ヒーラーはひたすら自分のマ

インドを小さくし、受け身にならなければならないということです。クライアントの不調の箇所を探そうとしたり、ヒーリング・ガイドから何かメッセージがないか探したりするということは、自分のマインドが動いているということで、それは霊界の癒しの波動の邪魔になります。

ちょっと難しく書きましたが、本当に誰でもできることです。一番簡単で一番難しいのは、瞑想をし、邪念を取り払い、ヒーリングエネルギーの媒体になることに集中し、ヒーリング・ガイドたちに委ねることです。

ですから、たった一回、ヒーリングのコースを出ただけで習得できないことは、もうおわかりですね。これは一生の修行です。そんなに簡単に、がんも治せるヒーラーになれるはずがありません。そして、《霊界》の道具として使い物になるかどうか、何度も試練の波を潜らなければならないでしょう。

そして、このスピリチュアリズムの哲学、魂の哲学を学んでいる必要はあります。その上にもっと肝要なことは、その学んだ霊的な真理を他の方々へと伝えていく努力をすることです。

なぜかと言えば、霊界から直接地上の人間に伝えようとしても、波動の違う霊界からではコミュニケーションがなかなか困難なことだからです。それならば、地上でいま生きている人間の中で、熱意ある人を活用して真理を伝えようとしておられるのです。

ですから、ヒーリングで体を癒すことが最終的な目的ではありません。病む人、悩める方の魂が変革し、《霊界》の一分身としての生き方に目覚めてもらいたいというのが、スピリット・ドクターたちの願いでもあるのです。

ちなみに、ハリー・エドワーズも山村幸夫氏も、どこぞのコースを修了したわけではありません。独学です。『シルバー・バーチの霊訓』をはじめとする、三大霊訓等を勉強されて、自らのスピリチュアリズムの世界観と霊界の世界観を持っていたことでしょう。大きな枠組みを知り、そして個別の患者を癒し、そして真理の啓蒙活動をする、そういった方々だと私は思います。

第12章

健康に生きるために

これまで、人間が「霊・スピリット」的存在であり、肉体をなくしてもその個性は存続することを説明してきました。そして、この宇宙の真理、《神》の真理なるものが私たちに働き、私たちは輪廻転生を繰り返しながら、その本質である魂の成長を続けています。

では、その魂の本質は、何を求めているのでしょうか。今世で、何を目的としてこの地上に降り立ったのでしょうか。

私たちは、身体的、感情的、精神的、そして霊的存在です。どれが欠けても、「私自身」ではなくなります。私たちは、ホリスティックな存在なのです。それが訳あって、いまこの地球上に、肉体、感情、精神、そして霊的側面を持って再生しています。それぞれは密接に関連していますので、そのいずれかが不調であると、その不調さに目がいってしまい、私たちのやるべきことを見失ってしまいます。では私たちはどうやってこの命を生きたらいいのでしょう？

ここでは、私たちの健康というものを、ホリスティックに見ていきます。

(1) 魂の健康

魂の健康とは何でしょう。どういう状態が、魂が健康であるというのでしょうか。

身体が健康でないと、魂は健康になれないのでしょうか。心が健康でないと、魂は健康になれないのでしょうか。

私たちは、身体的・精神的にバランスを崩すと、「魂」の声を聞くことが難しくなります。指導霊のくれるインスピレーションを受け取る力が鈍ります。また、身体が不調であると、そこに意識が向いてしまい、そして心が不安定になり、「魂」の声を聞くことが難しくなります。

そんな私たちの魂は、肉体をなくしてもなお存続し、輪廻転生を繰り返し、因果律に向き合っています。そんな私たちの魂の健康とは何でしょう。魂が健康であったら、何が起こるのでしょうか。

①魂の本質

魂とは何でしょうか。

前述の通り、私たちの中には、裡なる神、神の分身、神性、いろんな呼び方がありますが、つまりは宇宙・万物の創造主の意思が宿っています。魂は、その私たちの一番純粋なものが宿る場所です。そこに、万物の創造主の意識が入っています。誰にでもあるのです。魂は、真我、高我、ハイヤー・セルフとも云われていることは前述しました。ここでは「裡なる神」と呼びましょう。

そして、裡なる神の本質は、無条件の愛です。それを他人に与えることです（利他愛）。地上でいろんな経験をし、その無条件の愛の実践をするために、私たちは地上に生まれ、そして三次元の物質的な肉体という魂の箱の中に閉じ込められています。その肉体の箱に入っている間は、次元を超えた宇宙の叡智には触れることはできません。この限られた世界の中で、私たちは魂の経験を積みます。

では、みんながみんな、無条件の愛を実践し、お互い助け合い尊重しながら暮らす世界はどんなところでしょうか？　人々は、何のストレスも苦労もなく、平和に楽しく暮らすその世界……まさしくそれは「天国」「極楽浄土」「理想郷」「ニルバーナ」なのかもしれません。実は、私たちの無意識、潜在意識の中では、その愛の理想世界を記憶しています。ただそれが、表面に現れてきていないだけです。

私たちは、私たちの中に備わっている神の本質である無条件の愛を思い出し、実践するために、この世に生まれてきています。ところが、その生まれてきた環境や、親兄弟、時代や社会背景等の様々な要因が作用し、心や体のバランスを失い、私たちはその魂の本質を見失います。そして周りの環境や人々に振り回されたり、ストレスから心や体調を崩したりします。

スピリチュアル的エネルギーが足りないと身体的・精神的不健康に陥るとも言われています。精神・感情が不調になると、そのエネルギーが弱くなり、また霊界からのエネルギーのサポートも受けづらくなり、「思考の癖」が形成され、不安症に陥ったり、鬱、強迫症、摂食障害、衝動制御障害、アルコール・薬物中毒、パーソナリティ障害、そして身体健康の問題に至るかもしれません。その逆もまた然りです。

多くの無条件の愛のエネルギーを受けると、それらの弊害、そしてPTSDまでもが緩和されるかもしれません。

では、そのスピリチュアル的エネルギーとは何でしょうか。

「無条件の愛」。そう仮定してみましょう。

②魂が喜ぶことをする

魂が健康になるためには、魂の本質に基づき、その喜ぶことを実行することです。では魂が喜ぶことって何でしょうか。

「魂が喜ぶことをしよう」なんてセミナーや本がたくさんあります。そこで言っていることは、大きく2通りに分かれます。一つは、自分の純粋に興味があること、やりたいことをすることによって、運が向いてくるというものです。もう一つのグループは、好き勝手することが魂の喜ぶことではなく、「魂の求めるもの」を実行する、というものです。

もうおわかりでしょう？　本質が、無条件の愛、利他愛である魂の望むことは、目先の趣味、物質的な達成感をもたらすことをするのではありません。それは実は利己主義につながります。

お金が必要でない方はいないですよね。お金がもっと欲しい方は多くいます。極端な例ですが、宝くじで3億円、当たったとしましょう。これは汗水流して働いて得たお金ではなく、いわゆるあぶく銭です。中には「宵越しの金は持たない」と言って、使い切ることを考える方もいるでしょう。

さて、その使い道です。

ある人は、豪華客船クイーン・エリザベス号のチケットを買い、豪華に世界一周船の旅をしました。寄港地では観光をし、見聞を深め、高級な料理に舌鼓を打ち、たくさんの買い物をし、もういままでにない夢のような贅沢な時間にお金を使うことができました。物質的には非常に満たされたその世界一周の旅が終わり、現実の生活に戻ります。お金は残っていたとして、さて、その人はその後どういう生活をするでしょうか。

別のある人は、住宅ローンや子供の学費、老後資金を取り置き、残りを恵まれない子供たちの支援施設や慈善団体に寄付したとしましょう。もしその施設の子供たちから予期せぬお礼の手紙が来たらどう思うでしょうか。

極端な例ではありますが、どちらが魂が喜ぶことか、明白ですね。無条件の愛を与えることとは、家族、友人、ペットを安心させ、そして皆の健やかな魂の成長を願うことなのです。

そして、無条件の愛を受けることとは、家族、友人等からだけでなく、スピリット界の故人、指導霊、そして大宇宙の創造主からの愛のエネルギーを感じ、それを自分の魂の糧にすることなのです。

③魂の健康を得る方法

　では、そんな魂の健康を得る方法を考えてみましょう。それには心身をできる限り整え、自分の本当の「魂」の声が聞こえる状態になることが理想的です。

　例えば、瞑想があります。でも瞑想と呼ばれるものにはいくつかあります。最近心理療法会でポピュラーになりつつあるマインドフルネス心理療法で使われるマインドフルネス瞑想や、座禅などの無になる瞑想、そして英国ＡＦＣのコースで毎日行う、霊界や指導霊のエネルギーの中に身を委ねる「シッティング・イン・ザ・パワー」という方法などがあります。これは私たちミディアムの練習の基本の基本です。これは別機会でご説明できたらと思います。

　他にも目的により様々な方法がありますね。どの方法を取っても、自分のマインドの中のごちゃごちゃしたものを忘れ、自分をリセットする良い時間となることでしょう。

　もう一つは、祈りとアファーメーション（宣言）です。言葉も想念も、波動を持っています。霊界は、その心の言葉を聞いています。それが、「宝くじが当たりますように」とか、「セレブな人と結婚できますように」という利己的な内容だったら、霊界は聞いてくれませんよ。

　祈りもアファーメーションも、自分のエゴを極力なくし、その波動を整えることで、霊界はいろんな形で応えてくれます。その応えをもらったと実感したら、自分の魂のエネルギーが増幅するのを感じるようになります。

（2）カラダの健康・ココロの健康

中学・高校の生物で習ったように、人間の皮膚、骨、筋肉、心筋、神経等の組織、血液・リンパ液、各内臓器官は、それぞれの役割に適した構造を持つ細胞の集合体です。その細胞を細かく観ると、核、ミトコンドリア等が脂質とタンパク質からなる細胞膜で覆われています。また、核の中にはＤＮＡがあり、細胞分裂の際に遺伝情報を伝達します。これらの絶え間ない働きにより、私たちは呼吸し、消化吸収し、代謝し、生きています。

でも、それが全部有効に使われているのではないようです。人間の脳は、その４％しか活用されていないとも言われています。そして、組織・細胞を構成する元素の95％が、酸素、炭素、水素、窒素でできています。元素を細かく見ていくと、原子核の周りに一定数の電子が周回していることは前述の通りです。それに、人間の体は波動を伴った小宇宙です。

その身体は魂の入れ物です。現世を生きる魂の「ハコ」または「乗り物」にすぎません。そして私たちにはその人となりを形成する、目に見えない精神・感情を持つ「心」という波動の存在も伴っています。

身体が不調であると、そこに気がいってしまって、魂の健康、無償の愛どころではなくなります。また、その心が不調であっても、他人を思いやり行動を起こすなんて余裕はなくなります。

身体と心は密接に関連していることは、多くの西洋・東洋医学者が証明しています。「病は気から」は、このことです。

東洋医学では、肝臓は「怒り」の臓器と言われています。怒りが強い人、憤りが強い人ほど、肝臓を傷めるケースが多いのです。また、肺は「悲しみ」の臓器です。悲しみが深いと、呼吸がしづらくなりますし、肺炎・気管支炎といった症状も出やすくなります。前述通り、病気の半数以上は、精神的ストレスからくるという学術的報告がなされています。もちろん、この世で暮らす私たちに、ストレスのない人はいません。

人は皆、違います。今回の人生で何をするのか、それぞれテーマを持って生まれてきていますし、またカルマの解消もしなければなりませんが、魂が肉体に宿った時点で、大抵忘れてしまっています。そんなそれぞれ違った性格や霊性の人たちが、家族だったり、会社の同僚・上司・部下だったり、友人だったりするわけですから、その考え方の違いにより、ストレスも感じることもあることでしょう。他人に対するものだけでなく、中には自分の中で様々な葛藤を引き起こします。誰にも、「思考の癖（認知の歪み）」というのがあります。

思考の癖は、その人の育ち方（親の考え）、育った環境、人間関係その他の理由により形成されます。「私はこういう人間であるべきだ」「私はきっと嫌われている」「あの人が絶対悪い」その他諸々、認知行動療法の中でグループ化されています（私はシンガポール登録のカウンセラーでもあります。機会があれば認知行動療法を教えています）。

こういった思考の癖は、放っておくと、最終的には身体の健康に影響します。つまり、心のネガティブな波動が、体の細胞レベル等のレベルの波動に影響を及ぼしてしまうということです。そして人間は誰一人同じではなく、誰一人として自分と同じ考えで行動はしません。親や環境によって、宗教や信念も違います。また、生きている社会環境も、理想的なものではありません。

それに、それぞれの魂は、それぞれの理由がありこの地上に生まれてきていますし、他人との比較、理想的な社会との比較、または理想の自分との比較をし、そのギャップで悩んでいる人が多いのです。

現代社会に生きている人は、そういった社会や他者との関連なしに生きてはいけません。逆を言うと、そこから魂の「学び」が発生するといってもよいでしょう。そして、精神的なバランスを崩すと、「魂」の声を聞くことが難しくなります。指導霊のくれるインスピレーションを受け取る力が鈍ります。

こういった精神的ストレスの感じ方は人それぞれです。これは、各自のストレス管理能力、対処能力の違いからくるものです。もし身体が健康であれば、そこそこの精神的ストレスにも耐性ができ、ちょっとしたトラブルもある程度余裕を持って解決ができるようになるでしょう。そして、心だけでなく、身体のメインテナンスも重要です。つまり、どうやって、病気にかからないか、そして精神的に病まないかです。

実は、病気や怪我は、自分の「カルマ」に関係している可能性があります。繰り返し同じ病気や怪我をする場合、立て続けに違う病気や怪我に見舞われる場合、それは何か解消しなければいけない「カルマ」の可能性が高いのです。繰り返しがなくとも、そういった怪我や病気などの身体的苦痛は、私たちの実生活、または魂に何か学ぶものを示唆しています。そこから何を学ぶか、それはその本人次第ということになります。

自分の状態を客観的に見つめる力をつけ、そして自分や家族に合った方法を早めに見つけて、身体に影響が出る前に、早めにそのストレスに対する対処能力を備え、気持ちを癒しましょう。体と心のストレスを解消する方法は星の数ほどあります。適度な運動、睡眠、食餌療法だけでなく、音楽、読書、旅行、各種ヒーリング手法、もう本当に様々です。

そして、家族の幸せ、霊的成長を願うのであれば、まずは家族の体だけでなく心の健康も考えてあげましょう。

それでも、もしも病気になってしまったらどうしましょう……。

私たちの身近な西洋医学では、人間の身体を物質で捉え、その不具合（病気）の対症療法を行うのが基本です。風邪を引き、熱が出たら、解熱剤と抗生物質が投薬され、強い薬である場合は胃が荒れないように胃薬も一緒に飲まされます。また、インフルエンザや風疹にかからないよう、あらかじめワクチンを打つ方もいます。これらの薬には副作用があることは、皆さんご存知のことでしょう。

フラワーレメディの創始者エドワード・バッチ博士は、もともとは西洋医学博士で高名な細菌学者でした。いくら効果的な治療をし、病気が完治したと思っても、患者がまた病気になって戻ってくることに疑問を感じました。

西洋医学は病状だけに注目し、基本的にはその背景にある感情や精神的なことは観ません。西洋医学だけでは限界を感じました。バッチ博士は、本当の治療は、患者の病状だけを見るのでなく、人間をホリスティックに考え、感情もサポートすべきとし、西洋医学のキャリアを捨てます。花のエネルギーの波動を使った療法で、まず心を癒すフラワーレメディという方法を発見しました。病気と感情は、切っても切り離せません。つまり、身体と心はつながって、一つの人間なのです。まずは心を楽にするべく、フラワーレメディを活用するのもいいですね。

近年、波動医学とか量子医学とかいう学問や治療法が注目されております。前述のガーバー博士は、その著書『バイブレーショナル・メディスン』の中で、身体を物質としてみるのではなく、「物質もエネルギーの一形態」であると捉え、「病的状態によってバランスを失っているエネルギー系に望ましい影響を及ぼすような、特殊な形態のエネルギーを治療に用いる」としました。

臓器やオーラの周波数（波動）や微細エネルギーレベルを用い、先ほどの東洋医学、チャクラ理論、フラワーレメディだけでなく、ホメオパシー、クリスタル・ヒーリング、レイキ（霊気）などのマグネティック・ヒーリングやスピリチュアル・ヒーリングなど、見えないエネルギーを使った代替療法・補助療法の実験・解説をしています。

治療の方法も、多様化しています。従来の対症療法でいくのか、それとも代替療法を選ぶか、補助療法を追加するか。重要なのは、心の波動も同時に整えるということです。心が不安や憤りでいっぱいになると、もちろん体の波動、特に免疫システムの波動にも影響が出ます。自分に合った療法を取り入れ、前向きに取り組みたいものです。

※心理学研究

心理学で、「マズローの欲求5段階説」というのがあります。「人間は自己実現に向かって絶えず成長する」という仮定に立ち、最も原始的な生理的欲求、安全欲求から始まり、社会的欲求、承認欲求、そして自己実現欲求を満たすよう成長しているというものです。

マズローの晩年に発表した説ですが、実はその上に、「自己超越欲求」というものもあります。自己を超越する、超越した何かを認識する、このスピリチュアリズムの哲学の世界観と似たものがあります。このスピリチュアリズムを真剣に学ぼうとされている方は、すでに自己超越欲求のレベルにいるのかもしれませんよ。

近年、米国ではトランス・パーソナル心理学というものも研究されています。心だけでなく、人間を霊性（魂）の観点から捉えようというものです。それをベースにしたトランス・パーソナル心理療法は、自己の超越を目的とし、著名な学者によると、

すべての人間は、スピリチュアルな成長に向かう衝動（聖なる衝動）を持っている、

すべての人間には、生涯かけて成長し続け、学び続ける力が備わっている、という仮説をもとにした心理療法全般を言います。

日本にある学会は、「心理学、哲学、宗教学、教育学、人類学、社会学、医学、生態学、物理学、政治学、経済学など、様々な学問の境界を超えた学際的な学会」であり、「心理療法やカウンセリング、ミュージックやアート、ヒーリング、エコロジー、スピリチュアルな瞑想や宗教的実践など、様々な実践活動」を行なっているとしています。

人間の心理を、霊性の観点から捉える学問は、今後どのような展開を見せるのか、私も期待して見守っています。

本書の振り返り

さてもう一度、スピリチュアリズムの七大綱領を見てみましょう。

一．神は父である
二．人類は同胞である
三．霊界と地上界の間に霊的な交わりがあり、人類は天使の支配を受ける
四．魂は永遠に存続する
五．自分の行動には責任が生じる（自己責任）
六．地上で行ったことには、善悪それぞれに報いがある
七．いかなる魂も永遠に向上する機会が与えられている

前よりも少し、理解が深まったでしょうか？

人智を越えこの宇宙を創造した《神》（The Fatherhood of God）は、私たち一人ひとり、平等にその神の一部（The Brotherhood of Man）と「自由意志（Free Will）」を授けました。

「霊界に先立った愛する故人やスピリット・ガイドとのコミュニケーション（The Communion of Spirit）」を通じて、故人や自分自身の「魂の永続性（The Continuous Existence of the Human Soul）」、そしてこの世は「善業・悪行それぞれ、原因があって結果があるという因果律から外れることはない（Compensation and Retribution Hereafter for all the Good and Evil Deeds done on Earth）」という宇宙の法則・霊的真理に気づきます。

その原則のもと、私たちは日々「自己責任（Personal Responsibility）」に基づき、自分の人生の大小の選択をし、目の前にある数々の困難を乗り越え、無条件の愛の実践を行い、そうして私たちは地上でも、そして地上を卒業しても、魂の存在として「永遠に成長していくチャンスがある（Eternal Progress Open to Every Human Soul）」、そんな存在なのです。

そして、私たちの人生に関わる人たちすべてが、同じ魂を持った同胞（The Brotherhood of God）なのです。

生物学的両親、祖父母、先祖、子供、配偶者、そして私たちの関わる人、皆、同胞なのです。魂に優劣はありません。ただ、霊的経験値がちょっと違うくらいで、壮大な宇宙的側面から見たら、その差はほぼないに等しいのです。

霊界を含む大きな、とてつもなく大きな宇宙の中に私たちは生きています。目に見えている舞台は、地球です。その地球で、毎日毎日いろんな経験をし、大なり小なりの選択をしながら生きています。どんな困難が待ち受けようとも、私たちはそれを克服し前に進みます。
そして私たちは肉体を失った後も、学び続けます。
その一つひとつの選択が「神の意志」に基づくもの、他者に対する無条件の愛に基づくものであれば、どれだけ素晴らしい世界ができあがることでしょう。このフィロソフィーは、地上人類普遍の、否、宇宙で普遍のものと言ってもよいのです。

このフィロソフィーはこれですべてではありません。この世界・宇宙は果てしなく広いのです。霊界の叡智は、人間の知識や想像力をはるかに超えます。高級霊でさえ、そのすべては知らないのです。この全体像から派生することは山ほどあります。残念ながら、この全体像を知る機会がある人、知っても受け入れることができる人は、ほんのごく一握りです。

でも、この叡智を知ることにより、現世について、霊界に対し謙虚になり、そして地に足のついた生活を送る基礎ができ、人生のいろんな局面においての判断基準ができてきます。また、「動機」を正しく持ち、善業を重ねるにつれ、意識しなくとも自然と道が開け、良い波に乗ることも不可能ではありません。「困難」が「チャレンジ」に変わります。

スピリチュアリズムは、現世における死生観を大きな意味で語っています。肉体の死は、すべての終わりを意味しているのではなく、現世の卒業、そして未来への旅立ちを意味します。魂の成長のプロセスに過ぎません。

また、過去においてやり残したことを現世で学び実行しています。現世でもやり残すことは多いでしょうし、また新たなカルマも作ってしまうかもしれませんが、それは来世での課題ということにして、大きく考えていきましょう。

そして、これからの私たちの生活を送る上での守るべき事項のうち、代表的なものを最後にお伝えいたします。

人にこのフィロソフィーを強要しない

人それぞれに、スピリチュアリズムの叡智を知るタイミングがあります。魂がすでにこのフィロソフィーを自然と熟知している人もいるし、現世で初めて知る人もいるでしょうし、神の計画により、来世で知る人もいるかもしれません。それぞれに人の経験と人生の方向性を尊重しましょう。必要な人に、必要な時に、この叡智は与えられます。

去る者は追わず、来る者を拒まず

フィロソフィーを知り実際に行動を始める人は、若干波動が変わってきて、フィロソフィーを勉強する前の人間関係を維持することが難しい人も出てきます。また、新しい人間関係が構築されることもあります。出会いと別れにはそれぞれ意味があり、それにより人は多くを学びます。オープンなマインドを持って、人間関係のその動きの流れを観察していきましょう。

自分の行動に責任を持つ

「知ったものの責任」というきびしい摂理があります。実は、このフィロソフィーを知ってしまった人は、知らない人よりも、今後の行動についてより重い自己責任が発生するのです。霊界、そして自身のスピリット・ガイドの期待が高まってしまいました。

そうはいっても、100%完璧に毎日を過ごすことは、この世では無理なことです。できることから徐々に、そして失敗しても悔やまず、前に進みましょう。スピリット・ガイドは常に見守っていてくれます。

焦りは禁物

フィロソフィーを学び、無条件の愛を実践しようとする方の中には、早く成長しないと！と焦りを感じる方もいらっしゃいます。特にミディアムやヒーラーとして他者の役に立ちたいという方に多いでしょう。この学びには焦りは禁物。特にミディアムやヒーラーは、自分がなりたくてなれるものではありません。いつか霊界に使ってもらえるよう、日々コツコツと愛の実践をし、瞑想をし、その日が来るまでしっかりと準備をしていきましょう。

私たちは霊界のアンバサダーである

ミディアムシップやスピリチュアル・ヒーリングは、「魂」の癒しです。これをきっかけに、スピリチュアル・ワールド（霊界）に興味を持つ方が多いものですが、実は、これはスピリチュアリズムのフィロソフィーの入り口の一つにすぎません。

このフィロソフィーを実践し、身近な人、多くの人に伝える方法は、数限りなくあるはずです。これを他者との関わりの中で実践していこうとする人は、もう「霊界のアンバサダー（大使）」です。ぜひ、時期がきた方に、最適な方法で、このフィロソフィーの一部で構いませんので、お伝えしてあげてください。

おわりに

ここまでお読みくださり、本当にありがとうございました。納得してくださった方もいらっしゃるでしょうし、ふーん、と読み飛ばしてくださった方もいらっしゃるでしょう。それで構いません。信じるも信じないも、ご自身の「自由意志」に任されています。ご自身の理性でご判断くださいね。また、「この科学的事実が間違っている」「この歴史的考察が違っている」と思われる方もいるかもしれませんが、私はその分野のプロではなく一般論の一つをご紹介しているということで、どうぞご了承ください。私としては、細かいところにこだわることなく、ここでお伝えしたい大きなフィロソフィーを感じていただきたく思います。

ここで、この本がどのようにして生まれたか、ご紹介させてください。

私の人生に大きな影響を与えてくれたのが、一冊の本、『神からのギフト』でした。

これは自費出版の本です。2010年頃、ミディアムシップに出会いたての私はその本の噂を聞きつけ、著者の故・黒木昭征氏に連絡をとり、シンガポールまで送っていただきました。それは米国を拠点に活躍されていた素晴らしいスピリチュアル・ヒーラーの故・山村幸夫氏のお話をまとめた本で、学び始めたばかりの私にとって、人生を180度変えるに十分過ぎるほどの衝撃を受けました。これが霊的世界の真実なのだ、と。すべてが腑に落ち、涙ながらに熟読した後、買って放置していた『シルバー・バーチの霊訓』全12巻を一気に読破し、私の求めていたものはこれだ、霊的真理なしにミディアムシップはできない、と確信を得ました。

金融機関を辞め、心理カウンセラーとして活動を始めた2018年、最初のスピリチュアリズムのフィロソフィー講座のテキストを仕上げた時、いつかこれを書籍として世に送りたいと思っていました。そして2020年、シンガポールがコロナ禍でロックダウンになった際に、思い切って書き上げ、黒木さんに初稿の内容の確認をお願いしました。黒木さんも素晴らしいスピリチュアル・ヒーラーでありティーチャーであり、2010年に初めて本を送っていただいて以降、一時帰国時にお会いしたり、互いの活動を励まし合う大先輩で、同志でもありました。その黒木さんは、2021年12月に帰幽されました。

この本は、黒木さんの協力なしでは成立しなかったでしょう。すべてのスピリチュアリズム関連の本に精通していらっしゃる黒木さんにより、全体の内容の確認と、特に本書の「歴史」の部分をお手伝いくださいました。ひょっとしたら、共著と言ってもいいかもしれません。

2022年末、現代書林・松島さんから書籍化のお話をいただいた時、真っ先に「あ、黒木さん、霊界から手を回してくれたな」そう思いました。原稿を書き上げてから2年、いつか出版社に持ち込もうと思っていましたが、実際には放っておいたからです。黒木さんはお亡くなりになった後も、霊界から私のヒーリング・サービスにご協力してくれて、またミディアムシップのセッションにも何度も来てくださり私にメッセージを届けてくださっています。黒木さんなくして、この出版はあり得なかったでしょう。『神からのギフト』という黒木さんが手がけた自費出版本は、黒木氏の没後、手に入らなくなってしまいました。が、本書がその後釜として、役目を担えた……そうなればいいなという気持ちでいっぱいです。

最後に、頼りない私の成長を毎週のように見守ってくれている井上京子さん、同じ志を持つものとしてともに励まし合いサポートしてくれるYouTube「3人のミディアム」のテリー高橋さんと安斎妃美香さん、ご縁があり私とともに学んでくださっている皆様、私のすべてを受け入れてくれている母、そして霊界に先立った愛する父や祖母、筆の遅い私を辛抱強く待ってくださり、また素敵なデザインをご提案くださった現代書林・松島さん、そしてすべてのご縁のある方に、心からの感謝を込めて。

この本が私たちが魂の存在として
「今」という時を生きる上での羅針盤となりますように……。

2023年4月

シンガポールにて　　佐野仁美

スピリチュアリズム「セブン・プリンシプルズ」

2023年6月5日　初版第1刷

著　者――――――佐野仁美《さのひとみ》
発行者――――――松島一樹
発行所――――――現代書林
〒162-0053　東京都新宿区原町3-61　桂ビル
TEL／代表　03(3205)8384
振替00140-7-42905
http://www.gendaishorin.co.jp/

デザイン――――――田村　梓（ten-bin）
図版――――――松尾容巳子

印刷・製本　㈱シナノパブリッシングプレス
乱丁・落丁本はお取り替えいたします。
定価はカバーに
表示してあります。

ISBN978-4-7745-1974-6 C0011